2020年度辽宁省社会科学规划基金一般项目"新时代大数据嵌入意识形态建设研究"(项目号:L20BKS003)阶段成果

|光明学术文库|教育与语言书系|

中美大学价值观教育差异研究

蒋璀玢 | 著

光明日报出版社

图书在版编目（CIP）数据

中美大学价值观教育差异研究 / 蒋璀玢著． -- 北京：光明日报出版社，2022.5
ISBN 978-7-5194-6732-6

Ⅰ.①中… Ⅱ.①蒋… Ⅲ.①高等学校—人生观—思想政治教育—对比研究—中国、美国 Ⅳ.①G641.2 ②G649.712

中国版本图书馆 CIP 数据核字（2022）第 142011 号

中美大学价值观教育差异研究
ZHONGMEI DAXUE JIAZHIGUAN JIAOYU CHAYI YANJIU

著　　者：蒋璀玢	
责任编辑：郭思齐	责任校对：张月月
封面设计：中联华文	责任印制：曹　净

出版发行：光明日报出版社
地　　址：北京市西城区永安路 106 号，100050
电　　话：010-63169890（咨询），010-63131930（邮购）
传　　真：010-63131930
网　　址：http://book.gmw.cn
E - mail：gmrbcbs@gmw.cn
法律顾问：北京市兰台律师事务所龚柳方律师
印　　刷：三河市华东印刷有限公司
装　　订：三河市华东印刷有限公司
本书如有破损、缺页、装订错误，请与本社联系调换，电话：010-63131930

开　　本：170mm×240mm	
字　　数：186 千字	印　　张：15
版　　次：2022 年 5 月第 1 版	印　　次：2022 年 5 月第 1 次印刷
书　　号：ISBN 978-7-5194-6732-6	

定　　价：95.00 元

版权所有　　翻印必究

序

蒋璀玢作为一名高校教师，在职攻读马克思主义理论学科的博士学位，经过8年坚持不懈的努力，于2020年年底以优异成绩通过了毕业答辩，其博士论文的选题被列为教育部人文社会科学研究专项任务项目（高校思政专项）。蒋璀玢在博士学习阶段展现出的顽强拼搏精神和对学术的执着追求令人欣慰。作为导师，我见证了她在专业学养、科学研究等方面的成长和成熟。在她的博士论文即将出版之际，为其作序，喜悦之情溢于言表。

蒋璀玢博士在差异性视域下对中国大学价值观教育进行深入系统的研究，高扬"四个自信"，透视中美大学价值观教育的差异与特性、矛盾与冲突。从理论上看，本研究有利于在新时代背景下深化对大学价值观教育的理论探索，有利于推动思想政治教育比较研究的发展，扩大思想政治教育比较研究的视野。从实践角度来看，本研究有利于为我国大学价值观教育提供借鉴与启示，有利于增强文化自觉，推动中国价值观建设走向深入，既是对新时代大学价值观教育现代化发展要求的积极回应，也是对全球化语境下价值观冲突的有效应对。

《中美大学价值观教育差异研究》，系统分析了中美两国大学价值观教育在发展历程、理论基础、教育内容、教育方法途径四方面的差异性，从政治、经济、文化、社会等方面揭示了导致两国大学价值观教育差异性的原因。通过差异性研究，更加坚定了我们要按照"党和国家事业兴旺发达、后继有人"的要求，坚持走具有中国特色的大学价值观教育之路，坚持党对大学价值观教育的领导，坚定大学价值观教育的社会主义方向，坚持把培育和践行社会主义核心价值观作为教育主题。美国大学价值观教育实施途径和运行模式中有一些是具有镜鉴意义的，比如，重视价值理性和判断能力的培养和文化滋养、隐性渗透、对话启发的教育方法等。在差异性研究的基础上，作者提出了大学价值观教育的"四个重要原则"，即处理好价值观教育的意识形态性与科学性的关系，处理好价值教导与价值构建之间的关系，把握好价值观教育的层次性和递进性的关系和处理好一元价值导向与多元价值共存之间的关系。在"四个重要原则"的指导下，作者在价值观教育的实践层面上提出了"四个优化对策"，即在价值观教育内容维度上加大对价值理性和批判精神的培养，在教育途径维度上要提升文化涵养价值观教育，在教育方法维度上综合运用多种富有启发性的教育方法，在教育主体维度上提升教师的师德、育人意识和育人能力，构建富于建设性的师生关系。

改革开放以来中国特色社会主义事业高速发展，中国以自主从容的姿态融入了全球化当中。特别是进入21世纪以来，中国价值观的构建提升到了"四个自信"的高度，中国特色社会主义道路自信、理论自信、制度自信、文化自信从精神内核上为中国价值观构建提供了一个完整而坚实的逻辑框架。唯有坚持"四个自信"，我们才能坚实地立足于中国特色社会主义实践，不断推动优秀传统文化创造性转化和创新性发展，进一步提升中国价值观构建的原动力。

蒋璀玢博士从差异性视域对中国大学价值观教育进行系统和深入研究，我认为这是一个很好的切入点。本书成功地将"比较研究方法"与"批判研究方法"相结合，贯彻了"在比较中批判"和"在批判中比较"的方法论理念。在新时代坐标中，推进了研究范式从新时期的"比较、借鉴、提高"转变到新时代的"比较、批判、超越"，致力于反思与鉴别，进一步加强了对国际话语的主动引领。

为了让本书既有一定的理论高度，又有一定的实践操作性，蒋璀玢博士做出了应有的努力。纵观全书，在概念辨析、研究内容、研究视域、研究方法等方面都有一定创新，蕴含着作者独到的研究见解和研究观点，其科学的探索精神难能可贵，探索的成果也一定能为我国大学价值观教育提供镜鉴与启示，有助于新时代背景下大学价值观教育的深入开展。

今天是2022年元旦，是新的一年的开端，我期待着《中美大学价值观教育差异研究》的出版，期待着这朵小小的蓓蕾，能够在价值观教育研究的满园春色中散发出一缕独特的芬芳。

魏晓文

大连理工大学教授、博士生导师

2022年元旦

目 录
CONTENTS

第一章 绪 论 …………………………………………… 1
第一节 选题依据与意义 ………………………………… 1
第二节 核心概念界定与辨析 …………………………… 5
第三节 国内外相关研究进展及述评 …………………… 19
第四节 研究思路与研究方法 …………………………… 32

第二章 中美大学价值观教育发展历程的差异性 ………… 36
第一节 中华人民共和国成立以来大学价值观教育发展的历程 … 36
第二节 美国建国以来大学价值观教育的发展历程 …………… 45
第三节 中美大学价值观教育发展历程的差异性及原因分析 …… 53

第三章 中美大学价值观教育理论基础的差异性 ………… 63
第一节 中国大学价值观教育的理论基础 ……………………… 63
第二节 美国大学价值观教育的理论基础 ……………………… 74
第三节 中美大学价值观教育的理论基础的差异性及原因分析 … 82

第四章　中美大学价值观教育内容的差异性 …… 92
第一节　价值观教育内容的结构 …… 92
第二节　中美大学价值观教育的核心内容 …… 96
第三节　中美大学价值观教育的基本内容 …… 106
第四节　中美大学价值观教育的发展性内容 …… 114
第五节　中美大学价值观教育内容的差异性及原因分析 …… 118

第五章　中美大学价值观教育途径与方法的差异性 …… 128
第一节　中美大学价值观教育的显性课程 …… 129
第二节　中美大学价值观教育的隐性课程 …… 139
第三节　中美大学价值观教育的方法 …… 150
第四节　中美大学价值观教育途径与方法的差异性与原因分析 … 156

第六章　中美大学价值观教育的评价及启示 …… 166
第一节　对美国大学价值观教育的批判与借鉴 …… 166
第二节　中国大学价值观教育的成效及新挑战 …… 177
第三节　中国大学价值观教育的理性思考与实践优化 …… 188

第七章　结论与展望 …… 204
第一节　结论 …… 204
第二节　创新点 …… 206
第三节　展望 …… 208

参考文献 …… 209

后　记 …… 228

第一章 绪 论

第一节 选题依据与意义

美国是发达的资本主义国家，中国是迅速崛起的社会主义国家，两个国家意识形态不同、发展阶段不同、社会文化不同，其大学的价值观教育必定呈现出迥异的特点。以中美大学价值观教育的差异性特点为研究对象，能够吸收不同教育模式的优势以推动我国大学价值观教育的现代化发展，还可以从外域的视角考察我国大学的价值观教育，坚定"四个自信"，以一种更加主动的姿态参与到国际价值秩序的构建之中。

一、选题依据

问题是时代的声音，当前我国正经历着世界百年未有之大变局，特殊的历史方位对我国的大学价值观教育提出了新的课题，我们只有立足中国教育现实，以国际视野考察和思考中国大学价值观教育走向，才能真正完成培育时代新人的历史使命。

第一，中国特色社会主义进入新时代，对大学价值观教育凝聚价值共识的能力提出了更高要求。

党的十九大做出了"中国特色社会主义进入了新时代,这是我国发展新的历史方位"① 的重大政治判断。一场新时代的思想大解放席卷神州,中国特色社会主义伟大事业由此步入崭新境界,这一关系全局的历史性变化为党和国家的各项事业指明了方向。在这个新时代,科学社会主义在21世纪的中国焕发出强大的生机活力,在世界高高举起了中国特色社会主义伟大旗帜②,向全世界再次有力地证明了社会主义是比资本主义更高的社会形态,符合人类社会发展规律,代表着人类美好的未来。当代中国的价值观教育必须毫不动摇地以马克思主义为指导,遵循科学社会主义基本原则,体现社会主义制度本质特征,坚持社会主义核心价值观在整个社会价值体系构建中的主导地位。为了将中华民族伟大复兴的中国梦在百年未有之大变局条件下变为现实,必须最大限度地调动全国人民的力量。这就要求大学价值观教育能够凝聚价值共识,巩固社会共同思想基础,引领青年大学生自觉地聚集在新时代中国特色社会主义建设的大旗之下实现共同的社会理想,担负起"举旗帜、聚民心、育新人"的重要任务。

第二,中国正处于历时性与共时性并存的现代化进程之中,对大学价值观教育自觉借鉴全世界的文明成果和抵御西方资本主义影响的能力提出了更高要求。

从技术社会形态来看,当代中国处于由农业社会向工业社会过渡并即将完成的阶段,处于工业化后期,也就是正处在现代化进程之中。现代化进程是一个整体性历史过程,不只是科技进步和生产力发展,还包括政治、经济、社会、文化等各个领域的现代化,从国家的体制制度到

---

① 习近平. 习近平谈治国理政:第1卷[M]. 北京:外文出版社,2014:8.
② 习近平. 习近平谈治国理政:第1卷[M]. 北京:外文出版社,2014:8.

社会的思想观念再到人们行为方式都深受影响。从世界的现代化进程来看，中国属于"后发外生型"现代化国家。所谓"后发"是指我们比发达国家现代化起步晚，属于现代化的后来者；所谓"外生型"是指我们的现代化肇始于对外部世界带来生存危机的回应，受外部因素影响较大。中国的现代化历时性与共时性并存。一方面，中国社会内部正在逐步进行着由传统到现代的历时性变迁，传统、现代乃至后现代的多样文化共生；另一方面，全球化、信息化扩张使得中国与以美国为代表的西方发达国家形成"共同在场"，随着中国经济高速发展、国际地位不断提升，中美关系越加微妙，合作与碰撞频繁而且复杂。因而中国大学的价值观教育不但面临我国社会自身发展带来的新课题，还不得不应对世界格局变化提出的新挑战。这就要求我们要同时解决好两项任务：一方面是辩证地对美国大学价值观教育有借鉴意义的部分进行系统的梳理与反思，对之进行本土创造性转化；另一方面也要警惕和抵御西方资本主义价值渗透，这既是中国大学价值观教育应有的自觉，更是一种政治责任。

第三，中国正处于"物的依赖关系"向人的"自由全面发展"过渡的阶段，对大学的价值观教育坚持以人为本、服务人民美好生活提出了更高要求。

从主体社会形态来看，当代中国处于"物的依赖关系"向人的"自由全面发展"过渡的阶段。我国已经明确将促进人的全面发展作为中国特色社会主义的重要目标，并对人的全面发展做了切实的制度安排，为中国大学价值观教育提供了终极价值指向。党的十九大报告对当前我国社会主要矛盾变化做出与时俱进的新表述，从"物质文化需要"到"美好生活需要"的转变说明了人们需要的内涵更加丰富，需要的层次进一步提升，人民群众不仅对生活质量、生活水平提出了更高要求，而且对公平正义、民主法治等方面的要求也"水涨船高"，从根本上说就是人们寻求人自身解放和充分发展的愿望越加强烈了。价值观教育作为人的一种主动的、精神性的社会实践活动，帮助人们体悟自身生存和发展处境进而领悟生存的意义，它关乎"人成为怎样的人""人应该怎样生活"，关乎人该如何扬弃片面性达到合乎人性的存在状态。促进人的自由全面发展是价值观教育在更高层次上必须坚持而且能够坚持的价值原则，在推进中国特色社会主义事业进程中，当代中国的价值观教育要以人民为中心，满足人民对于美好生活的需要，始终坚持以人为本，尊重人民群众的首创精神，走向一个更加符合人的发展规律、更加以人的全面发展为最终目的的道路。美国大学价值观教育中蕴含的尊重学生主体性、以人文精神涵养价值观教育、隐性教育、关注学生终身教育等具有一定的积极意义，如果我们能够科学、谨慎地吸收并加以利用，对满足人民美好生活需要，推进以人为本的价值观教育具有一定的参考价值。

二、研究意义

在当今全球化的背景下，离开了对发达资本主义文明与价值体系的批判性解构，当代中国的价值观教育就达不到应有的高度。[①] 对中美大学价值观教育差异性进行研究，在对照中坚守，在批判中借鉴，可以为提升我国大学价值观教育的实效性提供启示。

第一，有利于为我国大学价值观教育提供镜鉴与启示。通过对中美大学价值观教育的差异性的研究，充分认识由于社会制度不同中美大学价值观教育之间的根本性差异，同时以包容的心态和对话的姿态批判地

---

① 方爱东. 社会主义核心价值观论纲 [J]. 马克思主义研究，2010（12）：127-135.

借鉴美国大学价值观教育模式中的积极因素，不断丰富和完善我们的教育体系，科学做好顶层设计和制度决策，更好地服务于社会主义核心价值观的培育和践行，在碰撞与交流中突破自身的局限求得更大的发展。

第二，有利于深化"新时代"背景下大学价值观教育的理论探索。"新时代"并非单向的时空概念，它有着丰富的价值内涵和对现实的具体要求，是一个重大的理论和实践命题。本研究基于党的十八大以来有关价值观教育的最新研究成果，立足国际视野，在中美比较中深化对大学价值观教育问题的思想认识与理论研究。

第三，有利于推动思想政治教育比较研究的发展。差异视角是一种新的认识手段，是对事物多样性的尊重。本研究将以美国为代表的发达资本主义国家大学价值观教育作为参照，在比较中总结价值观教育的普遍性和特殊性，扩大了思想政治教育比较研究的视野。

第四，有利于增强文化自觉，推动中国价值观建设走向自信和自立。随着改革开放政策释放出来的生产力所带来的文化自信，中国价值观的当代构建取得了相当的成绩，形成了我们自己的建设道路。差异性研究可以使我们清醒地认识到美国大学价值观教育的固有矛盾，而更加坚定地走好我们自己的路，这对积极争取国际话语权，以社会主义的价值成果推动全人类的文明进步有重要意义，也对保持全球文化生态的多样性具有重要价值。

第二节 核心概念界定与辨析

"差异性"和"价值观教育"是本研究的核心概念。对"差异性"的科学界定是明确研究的对象范围必然要求；对"价值观教育"概念的界定，特别是厘清"价值观教育"与其相近概念之间的联系与分野，是避免比较研究中容易出现的理论依附、论域不清、简单移植和强行对应等问题的先决条件。

一、事物的差异性及差异性研究

(一) 差异性及差异性原理

差异是世间万物存在的基本形式或样态，是一个哲学的范畴。差异性表征着在一定关系中的事物相互区别的性质特征。"同一性自身包含着差异性，这一事实在每一个命题中都表现出来。"[①] 马克思主义哲学的物质观包括世界的物质差异性原理及物质同一性原理，这两个基本论断密不可分、相互依存。万事万物没有差异就不可能有同一，物质的同一性存在和发展只能以物质的差异性存在为基础，同一性本身并不能真正独立存在，只有差异性才能确证事物具体而真实的存在。差异性原理是对差异性物质存在和差异化运动规律的总结。差异性原理所提供的"差异性思维"或"识差法"是人们认识事物的重要方法。[②] 认识任何新的客观事物，首先都要以"识差"作为起点，通过识差过程把握此物与他物在特性与特点上的不同，之后再通过"综合"过程正确把握这种差异性中内涵的共同本质规定性，进而在这种共同认识的基础上进一步把握新的差异性。差异性原理的实际运用就是从感性认识上升到理性认识，再到新的感性认识的过程，也就是哲学上"具体问题具体分析"的方法。黑格尔也指出了认识差异性对于科学认识事物所具有的重要意义，他说："我们所要求的是要能看出异中之同和同中之异。科

[①] 马克思恩格斯选集：第4卷 [M]. 北京：人民出版社，2012：914.
[②] 邱耕田. 差异性原理与科学发展 [J]. 中国社会科学，2013 (7)：4-21.

学的兴趣总是这一次仅仅在当前的差别中去追溯同一,另一次则又以同样的片面的方式在同一中去寻求新的差别。"①

(二)差异性研究

马克思指出:"极为相似的事变发生在不同的历史环境中就引起了完全不同的结果。如果把这些演变中的每一个都分别加以研究,然后再把它们加以比较,我们就会很容易地找到理解这种现象的钥匙。"② 马克思这个论断清楚地说明了差异性研究是理解客观事物和现象的"钥匙"。马克思还说:"没有指出 differentia specific(类别差别)的解释是不成其为解释的。"③ 这句话是说,要想达到对事物的真实的反映和科学解释,不指出事物之间的差别来是不行的。事物之间存在着差异又关联的"张力"关系,事物之间既相互排斥、对抗,又互相吸附、彼此推动。正是这种特殊的"张力"的存在,才构成了差异对于事物不断向前发展的强大驱动作用,而差异的存在也就形成了社会发展的动力机制。差异性研究的意义就在于发现这种差异性,并使之成为事物发展的动力。

差异性研究旨在通过比较两个事物的不同属性,发现事物存在及发展的特殊性。这种研究方式具有三个重要特质:国际视野、主体的反思意识和理论的建构性。④ 这种认识手段往往可以在惯常的思维方法力所不能及之处显示出自己的长处。很早以前美国学者就已经承认中美两国价值观教育之间是以差异性为主导的,"通过本研究引人注目的一点是,亚洲与西方国家之间的巨大反差。亚洲各国认为,国家应当对价值

---

① 黑格尔.小逻辑[M].贺麟,译.北京:商务印书馆,1980:253-254.
② 马克思恩格斯文集:第3卷[M].北京:人民出版社,2009:466-467.
③ 马克思恩格斯全集:第1卷[M].北京:人民出版社,1956:256.
④ 胡亚敏.论差异性研究[J].外国文学研究,2012(4):39-45.

教育起积极的作用，而西方国家则不然。更严密地说，无论是亚洲和西方，各自内部有极大的不同"①。中美大学价值观教育差异研究是对中美两国大学价值观教育的特殊性进行具体的分析和比较研究，找出各自特殊性造成的二者之间的差异性，对这种差异性的产生和发展变化做出分析和判断，为中国大学的价值观教育理论及实践提供启示和镜鉴。

二、价值观教育相关概念的界定

（一）价值

马克思对"使用价值"给出了这样的定义："使用价值表示物和人之间的自然关系，实际上是表示物为人而存在"，因此"价值"首先是一个关系范畴，是主体和客体之间的一种特定的关系，"是从人们对待满足他们需要的外界物的关系中产生的"②。在这种特定关系中，价值的主体是人，价值客体是与人相对的物或者他人。客体所具有的积极的、有利的属性，能够促成主体需要的满足、主体愿望的实现和主体目的达成，而这就是价值。"所谓价值，就是指客体的存在、属性及其变化同主体的尺度是否相一致或者相接近。"③ 随着社会环境的改变，人的需要、愿望、目的是不断变化的，因而通过人的实践实现的价值也是不断变化的。在人的实践活动中，主体总是根据自身的需要对客体的属性和功能进行选择、利用和改造，利用客体的属性和功能实现主体的目的，满足主体的需要。主客体之间的这种关系就是价值关系，即所谓的意义关系。

---

① 卡明斯，钟启泉. 从课程看道德及宗教教育——价值教育的国际比较（之一）[J]. 全球教育展望，1997（2）：5-12.
② 马克思恩格斯全集：第19卷 [M]. 北京：人民出版社，1963：406.
③ 李德顺. 价值论 [M]. 北京：中国人民大学出版社，2007：27.

1937年美国著名社会学家塔尔克特·帕森斯（Talcott Parsons）提出："价值观作为一个更抽象的元素，对我们的日常行为产生了更为关键的影响"，"社会制度由价值观和规范构成"①，这是价值观（values）作为一个独立的概念首次被明确提出。后来，价值观被美国心理学家米尔顿·罗克奇（Milton Rokeach）定义为"一种持久的信念（enduring belief）"，在他看来，价值观可以分为"终极价值观（end-state existence）"和"工具价值观（mode of conduct）"两类，前者是人希望用一生最终实现的目标或状态；后者指的是人更加偏好的认知、态度或行为方式，一般表现在道德和能力两方面。② 也正是这两种类别层次的价值观属性，使得价值观有别于其他具有交集或易混淆的术语。

（二）价值观与核心价值观

"价值观"属于人的主观思想、意识范畴。③ 价值观是一定主体（民族、阶级、阶层和个人）在社会生活和生产实践中对于各种价值活动和现象的主观反映，即在价值活动过程中所形成的关于价值信念、价值标准、价值目标、价值规范等相对稳定的总的看法和根本观点。价值观决定着人们关于什么是好、什么是坏的判断和追求什么、舍弃什么的标准，具有行为导向、情感激发、价值评价的作用，是生活实践和文化积淀的产物，一般表现为理想、信念、追求、愿望、需要和利益等形式。

社会的价值观系统是由不同层次、不同维度的子系统构成的观念体

---

① 乔纳森·特纳. 社会学理论的结构 [M]. 第7版. 邱泽奇, 等译. 北京：华夏出版社, 2006：37.
② 转引自郭霖. 自我探索与自我管理 [M]. 重庆：重庆大学出版社, 2018：25.
③ 张建云. 辨析价值范畴化解价值困惑——马克思主义关于"价值""价值的实现""价值观"范畴的深层解读 [J]. 贵州社会科学, 2019 (6)：13-19.

系，核心价值观是这个体系中处于支配和主导地位的硬核部分，是对主体的价值尺度、价值取向和价值目标追求起着决定性作用的价值观。在阶级社会中，核心价值观是国家意识形态的体现，代表统治阶级的利益和要求。核心价值观或核心价值体系是以多种需求系统为基础，整合梳理多种价值关系后形成的最优价值关系和最大化价值关系，集中体现了社会不同利益主体的共同理想，能够将社会上多样化的价值观念和取向统一起来，能够把全社会意志和力量凝聚起来，是维护社会秩序、凝聚国家精神重要的"稳定器"。正如习近平总书记所说："对一个民族、一个国家来说，最持久、最深层的力量是全社会共同认可的核心价值观。核心价值观，承载着一个民族、一个国家的精神追求，体现着一个社会评判是非曲直的价值标准。"①

（三）价值观教育

价值观的形成与发展是一个复杂的过程，既有个体认知的自主自觉，即社会成员在文化传统、社会心理、风俗习惯等因素的影响下逐渐成熟和确立，也有国家、社会的外在建构，即通过法律法规、社会道德规范、学校教育教学等直接手段进行有目的、有计划的引导和培养。其中，教育是最通常也是最有效的手段。价值观教育在不同的国家有不同的样态，有的侧重意识形态教育和政治社会化，有的侧重公民教育和品格教育，有的侧重宗教和伦理道德教育。英国学者泰勒对欧洲26个国家的价值观教育现状进行了调查，指出："尽管各国没有统一的价值观教育定义，但不同国家由于政治制度、历史传统、社会文化等方面的不同，价值观教育也表现出丰富的内容与形式。"②

---

① 习近平谈治国理政［M］.北京：外文出版社，2014：168.
② 莫尼卡·泰勒. 价值观教育与教育中的价值观（上）［J］. 教育研究，2003（5）：35-40.

关于什么是价值观教育，我国学者从不同角度给出了定义。袁贵仁教授认为，"在人的价值观念的形成中，教育具有举足轻重的作用"，"价值观是可塑的"，"我们的教育必须肩负起学生健康成长和发展过程中正确价值观积极引导的责任和使命，教育有责任使人的价值观丰盈、理性、高尚"，"教育是扩展人的价值的直接手段"①，特别是在青少年价值观形成的关键期，我们有理由寄予教育以应然的希望。李斌雄认为，价值观教育是对受教育者的价值理论教育、价值心理引导和价值活动调控，其中作为价值观念的理想信念教育是其核心。刘济良认为，价值观教育是指"用人文主义的价值取向引导青少年用正确的价值标准来看待社会、人生，以及自己的生活、生命，教育他们正确看待社会的作用和认识人生的意义，正确理解生命的价值，懂得关注自己的灵魂，形成自己坚定的信念，具有健全的人文精神，养成自己的关爱情怀，学会过现代文明生活"②。也有学者认为，价值观教育与社会、文化、精神、品德等教育概念相关，是教育工作者按照人的自身发展需要和社会发展要求，通过一定的教育手段，引导被教育者形成正确价值观并使其价值判断能力得到提高，进而使其树立坚定信念并拥有积极人生态度的一种教育活动。综合种种观点，我们可以概括地说，价值观教育是促进人的价值素质发展的社会实践活动。在这里，人的价值素质是指价值观念和价值能力，主要包括价值取向、价值判断、价值选择、价值创造、价值享用、价值评价等要素。价值观教育是从"人的价值"的高度上培养人，帮助人们在实践活动中成为自我价值和各种价值的创造主体。

---

① 袁贵仁. 价值观的理论与实践 [M]. 北京：北京师范大学出版社，2013：132.
② 刘济良. 价值观教育 [M]. 北京：教育科学出版社，2007：2.

三、价值观教育相近概念的辨析

差异性研究作为一种跨文化的比较研究，最重要的是准确把握价值观教育的"名"与"实"。价值观教育的基本概念与国家的意识形态、发展实践及文化传统紧密相关，在中国与美国之间是一种具有变动性的、相当复杂的对应关系。本部分通过概念辨析正确地理解和把握概念术语背后的教育事实，努力做好话语转换。在我国，"价值观教育"与"思想政治教育""德育"相互交叉；在美国，"价值观教育"与"道德教育"和"公民教育"等概念相互重叠、包含。首先可以明确的是，这些概念并非同一内容或对象的不同指称，而是有着各自特定的研究内涵和研究对象的。以下是在比较的维度辨析相关概念的内涵和外延，为中美大学价值观教育的对话和互鉴服务。

(一) 价值观教育与思想政治教育

在中国，"思想政治教育"一词经历了政治工作、思想工作、政治思想工作、思想政治工作等术语的演变。目前，学界基本达成共识的"思想政治教育"的概念界定是在张耀灿、陈万柏主编的面向 21 世纪教材《思想政治教育学原理》中的界定，即"思想政治教育是指社会或社会群体用一定的思想观念、政治观点、道德规范，对其成员施加有目的、有计划、有组织的影响，并促使其自主地接受这种影响，从而形成符合一定社会一定阶级所需要的思想品德的社会实践活动"[①]。在教育部思想政治工作司主持编写的《大学生思想政治教育理论与实践》中，"思想政治教育"被定义为"教育者与受教育者根据社会和自身发展的需要，以正确的思想、政治、道德理论为指导，在适应与促进社会

---

① 陈万柏，张耀灿. 思想政治教育学原理 [M]. 武汉：华中师范大学出版社，2012：4.

发展的过程中,不断提高思想、政治、道德素质和促进全面发展的过程"①。可见,思想政治教育是以政治教育为核心的,对人的思想品德进行系统影响的教育活动,核心功能是巩固政权,具有鲜明的阶级属性,承担着育人的任务和维护社会稳定、促进社会发展的任务。从学科角度看,思想政治教育是马克思主义一级学科下的二级学科,包括世界观、人生观、价值观教育研究在内的十个分支学科;从学科角度来看,价值观教育从属于思想政治教育,是思想政治教育的一项基本内容。在中国,学校价值观教育中所指的"价值观"主要是国家的核心价值观,"价值观教育"主要是指传播、认同与践行社会主义核心价值观的教育实践活动,同思想政治教育一样,都是巩固国家政权、维护社会意识形态的教育手段。因此,在中国语境下,思想政治教育与价值观教育基本属于包含与被包含的关系。

(二)价值观教育与德育

德育的概念源于西方,中国在近代正式启用德育术语时与西方的德育(moral education)内涵是一致的。"德育是教育工作者组织适合德育对象品德成长的道德环境,促进他们在道德认知、情感和实践能力等方面不断建构和提升的教育活动。简言之,德育是促进个体道德自主建构的价值引导活动。"② 但在中国的教育实践中,德育的外延不断扩大,逐渐形成了广义上的德育,除品德教育以外,政治教育、思想教育、心理教育等都被囊括进了与西方不同的"大德育"的概念之中。

关于价值观教育与德育的关系问题,我国主要有两种意见:一是广

---

① 教育部思想政治工作司组. 大学生思想政治教育理论与实践 [M]. 北京:高等教育出版社,2009:2.
② 檀传宝. 德育原理 [M]. 北京:北京师范大学出版社,2006:6.

义的德育包含价值观教育。比如,《中国伦理学百科全书(德育伦理学卷)》中明确说明价值观教育是"道德教育内容之一"[1]。李伯黍、岑国祯主编的《道德发展与德育模式》一书将"引导价值取向"作为五种德育模式之一,另外四种模式分别为:提高道德认识、培养道德情感、形成道德行为习惯、促进道德教育社会化。[2] 班华在其主编的《现代德育论》一书中也建构了四种德育模式,即价值导向模式、情感体验模式、行为践履模式、心理辅导模式,"价值导向"也是模式之一。[3] 另一种与之截然相反的意见认为,价值观教育的内容比德育的内容要宽泛得多。比如,陈理宣认为,价值观的形成先于道德的形成,价值观为主体选择接受何种道德价值观的影响提供了"过滤器",因此他主张将道德教育融于价值观教育之中。[4] 石海兵主张,价值观教育范围远远大于道德教育,是道德教育的基础。[5] 辛志勇、金盛华认为,价值观教育的外延要大于道德教育的外延,所有关于道德的问题都可以归纳为关于价值观的问题,道德价值观是价值观不同类型中的一种。[6] 在差异性研究的语境下,我们选择使用狭义的德育概念并倾向于第二种观点,将德育看成一个外延小于价值观教育的概念。

在美国,德育(moral development)最早是与宗教教育联系在一起的,帮助学生理解宗教教义,使学生理解和尊重传统的信仰体系、价值

---

[1] 甘葆露. 中国伦理学百科全书:德育伦理学卷[M]. 长春:吉林人民出版社,1993:36.
[2] 李伯黍,岑国祯. 道德发展与德育模式[M]. 上海:华东师范大学出版社,1999:18.
[3] 班华. 现代德育论[M]. 合肥:安徽人民出版社,2003:22.
[4] 陈理宣. 教育学原理:理论与实践[M]. 北京:北京师范大学出版社,2010:37.
[5] 石海兵. 青年价值观研究[M]. 合肥:安徽人民出版社,2007:12.
[6] 辛志勇,金盛华. 大学生的价值观概念与价值观结构[J]. 高等教育研究,2006(2):85-87.

体系和实践方式。美国监督和课程发展协会对道德教育做了如下定义：凡是学校用以影响学生对于"对"和"错"的看法、感觉和行动的做法，都属于道德教育。① 美国芝加哥教育理事会将品德教育定义为：品德教育是一种贯穿于课程和学校生活之中的有计划的、系统的和全面的方法，通过讲授和事例灌输讲授核心的伦理价值观，塑造优秀公民所需要的心理和道德特性。② 道德价值观教育（ethics and values education）是指所有显性或隐性的生活伦理、价值观念方面的教育，是能够以适当的教育方法和教学工具加以组织、管制和监测的教育过程。道德价值观教育的主要目标包括：激发教育对象的伦理反思、意识、责任和同情心，让教育对象能够深刻理解重要的伦理原则和价值观，培养他们的智力能力（批判性思维与评价、反思、发现、理解、决策、同情心等非认知能力）以进行道德判断。道德价值观教育引导人们去寻求并坚守生活中的基本价值、意义和目标。道德价值观教育还注重培养对他人（个人和团体）的尊重态度，并将个人信仰、态度及价值观付诸实践。品格教育（character education）是一种特殊的道德教育形式，注重德行、习惯等方面的品格发展，因其主要是在初级和中级教育阶段进行，不在本书的研究范围之内，故在此不做详细论述。

（三）价值观教育与公民教育

美国的公民教育（civic education, education for citizenship, citizenship education）具有政治教育的性质，是为政治教育服务的"价值教育"，关系到美国政治制度和民主自由。国际21世纪教育委员会向联合国教科文组织提交的报告中说："公民教育是一个复杂的整体，它既包括承

---

① 转引自孙抱弘. 现代社会与青年伦理 [M]. 上海：学林出版社，2003：267.
② 转引自黄育馥. 国外中小学校的道德教育 [J]. 国外社会科学，2002（4）：47-55.

认价值观，也包括获取知识和学习如何参与公共生活。因此，从意识形态上看，不能把这种教育视为中性的；学生的信仰必然受到这种教育的挑战，为了维护信仰的独立性，教育也应该从人的童年起并在其一生中培养一种有助于自由思考和自主行动的批判能力。"① "承认价值观"指出了公民教育最关键和最紧要的问题是如何把美国文化中核心的、公认的价值观传递给青少年，培养他们在民主社会中有效地享受权利、承担责任所必需的知识、态度和技能，也要培养学生独立思考和行动能力。在我国，《新时代公民道德建设实施纲要》规定："坚持以社会主义核心价值观为引领，将国家、社会、个人层面的价值要求贯穿到道德建设各方面。"② 可见，在我国公民教育就是培养"好公民"的教育，是以价值引领和道德建设为主要内容的教育，是为了维持国家政治稳定所进行的公共知识、共同态度和核心价值观的认同教育，使社会个体成为国家需要的合格成员，培养知情的、参与的和负责任的公民。

总体而言，公民教育和价值观教育虽然在教育目标、教育方式上确有不同，但是二者在巩固主流意识形态，培养政治共同体的合格成员，促进公民政治社会化，完成核心价值观的传递和认同方面的效果殊途同归。核心价值观教育或政治价值观教育是公民教育的重要组成部分，在中国就是社会主义核心价值观教育，在美国就是关于自由、平等、民主等公民政治价值观的教育。

四、中美价值观教育概念的"名与实""统与分"

在研究前期的文献挖掘过程中我们发现，美国很多时候尽量避免使

---

① 国际21世纪教育委员会. 学习——内在的财富［M］. 北京：教育科学出版社，1998：49.
② 新时代公民道德建设实施纲要［M］. 北京：人民出版社，2019：34.

用"价值"（values）这个词，更愿意强调发展大学生的"公民技能（citizenship skills）""美德（virtue）""生活技能（life skills）"等，即使是谈及"价值观教育"时，也很谨慎地避免使用"价值观教育（values education）"，而是使用"价值观发展（values development）"。这是由美国的政治生态和社会文化决定的。在美国大学中讨论价值问题时最先遇到的问题是教"谁"的价值，容易与"强权""意识形态"等美国社会非常回避的概念联系起来，这有违他们一贯奉行的民主、自由原则。因而能够找到直接使用"价值观教育"或"大学价值观教育"的文献有限，但是不是美国就不存在价值观教育了呢？答案是否定的。实际上，美国大学的公民教育、德育教育实践中都有对学生价值观的教育。

考察中美价值观教育的"名与实"要关注两个标准：一是看这个概念是否符合价值观教育的内涵，即"促进人的价值素质发展"；二是看这个概念是否涵盖价值观教育的外延，即"价值理论灌输、价值观念培养、价值心理引导和价值活动调控"。对比中国的"价值观教育"与美国的"公民教育""道德教育"概念的内涵规定和外延界限，可以得出以下结论：从概念的内涵来看，三者密切联系。三者都致力于促进人的价值素质发展，都服务于维护社会秩序，服务于政治体制再生产，集中反映统治阶级的需要，通过有目的的教育设计传播国家的政治理念和核心价值观，促进大学生的社会化发展；从概念的外延来看，中国的"价值观教育"既包括与意识形态相关的核心价值观教育，也包括与个人社会生活相关的道德价值观教育，与美国的"公民教育""道德教育"概念的外延都有重叠。中国的核心价值观教育与美国的"公民教育"中的公民品性部分密切相关，公民品性主要包括价值观、动机和认同等，都是促进共同利益和参与公共事务所需的品质，公民价值观教育以构建共同体价值共识为取向，重在培养与本国政治制度相匹配的、负责任的公民。中国价值观教育中的道德价值观教育与美国的"道德教育"相关，重在调整人与人之间的社会关系，支撑正当的道德行为与建立良好的人际关系，都是提供和促进公共道德、增进人与人之间责任义务的教育，帮助青年超越个人利益，致力于实现所属的更大群体的幸福。也就是说，与我国相比，美国大学的价值观教育在"好人"与"好公民"的培养上存在教育路径上的分野：道德价值观教育主要是培养"好人"，实现个体的德行修养和规范行为的目的；公民价值观教育主要是培养"好公民"，实现巩固政治制度和维护社会秩序的目的。

在概念的使用上，美国的研究者更多的是秉持思想教育的一元论。在美国全国学生人事管理者协会（National Association of Student Personnel Administrators, Inc.）1985 年出版的专门论述大学价值观教育的《促进大学生价值观发展》（Promoting Values Development in College Students）一书中，明确说明了三个相近概念之间的关系："价值观教育（values education）"含义广泛，包括为提高价值观在大学生个人发展中作用的所有教育工作。"道德发展（moral development）"与"价值观教育"含义相似，但通常是指更具体的促进伦理推理（ethical）和理解（understanding）发展的教育工作。"品格教育（character education）"是一个传统术语，广义上包括学生伦理行为（ethical conduct）、伦理推理和伦理理解的发展。这些术语的差异并不重要，我们将使用这三个术语来探讨加强大学生伦理推理（ethical reasoning）和价值行为的教育工作。[1] 以上对三个相关概念之间关系的解释非常有代表性，即虽然在语义上略有区分，但是无论在理论上还是在实践上，美国的研究者无意将

---

[1] Dalton, Jon C. Promoting Values Development in College Student [M]. New York: The National Association of Student Personnel Administrators, Inc., 1985: 7-8.

这些概念划分清晰，一般相互重叠、相互替代着使用，都用来指提高学生思想和精神上的推理能力和理解力以及行为的教育。同样地，我国也有学者认为，"意识形态统领社会、凝聚人心的功能发挥，都要依靠价值观教育来实现，区别仅在于不同的概念表达、内涵实质、实践方法和存在形态。也正是基于这个一般性判断，我们才能够理解，国外的'公民教育''品格教育''道德教育''爱国主义教育'等，同样属于价值观教育的重要范畴，发挥着价值养成的实践功能"①。

总之，本研究在概念的使用上特别注意把握好"统"与"分"。当用"价值观教育"统一指称美国与中国大学中与促进学生价值观成长相关的教育时，注意其各个组成部分的具体含义和内在关联；当用"公民价值观教育""道德价值观教育"分别指称时，注意其作为价值观教育构成部分的共同属性和各自的独特功能。

第三节 国内外相关研究进展及述评

出于对本国大学价值观教育的重视，中美两国在价值观教育研究方面都取得了一定的进展，为本研究提供了很好的研究基础。但是在比较研究特别是差异性研究方面，前期成果相对薄弱，为本研究留下了拓展空间。

---

① 杨晓慧. 构建人类命运共同体视域下青少年价值观教育的中国特色与国际视野 [J]. 思想教育研究，2018（8）：18-21.

一、国内相关研究进展情况

改革开放以后，确切地说是从 20 世纪 80 年代初开始，中国关于价值观和价值观教育的研究积累了丰硕的成果。特别是党的十八大提出培育和践行社会主义核心价值观之后，社会主义核心价值观迅速成为热点论题，国内学术界对核心价值观、当代中国价值观建设的理论研究剧增。

（一）关于中国大学价值观教育的研究

我国学者对中国大学价值观教育的理论与实践进行了深入而系统的研究，从丰富教育内容、拓展教育途径、优化教育环境、提升教育实效性等方面进行了思考和设计，成果较为丰硕，主要集中在以下几方面。

第一，对大学生价值观现状的实证研究。通过研究发现，我国大学生的价值观主流积极向上，主体意识增强，价值选择呈现多元化态势，价值观取向呈现实用化倾向，实现价值观方法选择出现矛盾等特点。[1] 也有学者从心理学角度出发，采用问卷法对大学生进行了调查，考察了大学生道德价值观、人格和道德行为的关系。[2] 冯建军的专著《差异与共生——多元文化下学生生活方式与价值观教育》通过调查研究的方法，研究了多元文化背景下当代学生交往、学习、消费、闲暇的生活方式，对当代学生价值观的实然状态进行了数据分析，提出了引领多元生活方式和多元价值观的教育策略。

---

[1] 鲍幸，伍自强，刘慧，等. 当代社会变迁视域下大学生价值观探析 [J]. 吉首大学学报（社会科学版），2019（6）：24-27.
[2] 姚敏，周生江，于海涛. 道德价值观对大学生道德行为的影响：人格的中介作用 [J]. 中国特殊教育，2015（9）：77-82.

第二，对大学价值观教育内容的研究。有学者提出价值观教育内容包括理论认知能力、价值判断能力、责任担当能力、信息甄别能力、实践养成能力等能力的培养。① 有学者认为价值观教育要增强大学生的文化认同，包括重建文化自信、加强马克思主义意识形态教育、培养文化理性、培育主流校园文化、拓宽文化视野等几方面内容。② 党的十八大提出培育和践行社会主义核心价值观，推动了国内价值观基础理论的研究，包括核心价值观和核心价值体系关系的研究，以及公平、正义、自由、民主、平等、法治等具体价值观内涵的研究，如季明所著的《核心价值观概论》论述了古代价值观、近代价值观、社会主义核心价值观、资本主义核心价值观、当代世界核心价值观的现状与趋势。③ 学者们还关注到了西方价值观对中国的大学生的影响，认为中国学生在理解西方价值观的时候有望文生义的泛化理解的倾向，需要通过社会保障、价值导向的转变、学习的系统化和信仰的确立这几方面来帮助大学生们树立正确的价值观念。④ 由于互联网、新媒体社交平台的快速兴起，对网络环境下大学生价值观教育的研究也吸引了学者的注意。有学者提出要以专业传播引导网民积极参与，实现传播平台由专属媒体到全媒体的转换，根据网民特点进行传播内容的针对性投放，创新话语表达方式以增强传播吸引力，围绕受众关切阐释社会主义核心价值观内容等，多措并举促进社会主义核心价值观传播创新，化挑战为机遇，提升社会主义

---

① 张立，赵艳斌. 大学生社会主义核心价值观践行能力的培育 [J]. 思想教育研究，2016（9）：101-103.
② 吴欣遥，曾王，兴秦凯. 大学生社会主义核心价值观教育文化认同研究 [J]. 思想理论教育导刊，2016（9）：99-102.
③ 季明. 核心价值观概论 [M]. 北京：人民日报出版社，2013：15.
④ 吴悼，韦正翔. 当代西方价值观对大学生的影响 [J]. 首都经济贸易大学学院学报，2013（1）：119-121.

核心价值观的传播力、影响力、公信力。① 石芳的《多元文化背景下的核心价值观教育》、徐蓉的《现代性语境下的中国价值观建设》分别对多元文化及现代性对价值观教育提出的挑战进行了研究，并给出了对策。

第三，对大学价值观教育方法途径的研究。方法和途径是非常重要的教育环节，直接决定教育的有效性，研究者最为关注，成果也最为丰富。有的学者提出要探索运用榜样引领大学生践行社会主义核心价值观，通过典型优秀带动群体优秀②，在学习榜样中促进社会主义核心价值观的知行合一。③ 有学者认为价值观教育重在机制建设，大学应该在加强课程融入、文化陶冶、实践内化、制度保障、研究解读五方面加强建设，实现思政课程向课程思政、单一载体向多元载体、显性灌输向多维渗透、单一渠道向协同育人、知识教化向价值引领的转变。④ 韩震提出，大学的价值观教育一要融入高等教育全过程和诸方面，二要落实到学校的办学理念和治理过程中，三要完善话语体系，四要开展丰富多彩的实践活动，五是共产党员、领导干部和学术精英要起模范带头作用。⑤ 有很多学者提出应该将价值观教育融入学生的日常生活，认为应厚植价值观认同的生活基础，创新价值观认同的教育引导机制，探索价

---

① 蒋桂芳，孙月琴. 互联网时代社会主义核心价值观传播创新研究 [J]. 社会主义核心价值观研究，2019（5）：77-84.
② 郭立场. 榜样认同视角下大学生社会主义核心价值观培育问题研究 [J]. 思想教育研究，2014（10）：64-67.
③ 李诗夏. 大学生榜样教育：践行社会主义核心价值观的新路径 [J]. 学习与实践，2016（12）：81-85.
④ 阳海音，潘沁. 大学生核心价值观培育的五大机制建设 [J]. 人民论坛，2019（3）：124-125.
⑤ 韩震. 大学要创造性地培育和践行社会主义核心价值观 [J]. 思想政治教育研究，2015（2）：1-3.

值观认同的契合点。① 黄凯锋主编的《当代中国价值观研究新取向》、刘济良的《价值观教育》、王葎的《价值观教育的合法性》、吴新颖的《当代青年价值观的构建》、石海兵的《青年价值观教育研究》、李纪岩的《当代大学生社会主义核心价值观培育研究》、邱国勇的《社会主义核心价值观教育研究》等一系列著作，对加强大学生价值观教育的实效性的建议也基本一致，即理论引导、典型示范、制度强化、文化涵育、实践体验、环境熏陶等。以上研究成果扬弃了单向灌输的封闭方式，赋予其现代的特征，如关注情感层面、关注知行统一，价值观教育方法上推崇"价值主导下的自主构建"模式，强调充分尊重受教育者的主体性地位以及教育者与受教育者的平等互动，凸显社会实践、校园文化等隐性教育的不可或缺性。

（二）对美国价值观教育的研究

近年来，我国理论界已经开始有人关注美国的价值观教育，出现了一些专门研究美国核心价值观教育的论文，但数量不多。其他关于美国价值观教育的论述和研究一般分散在美国文化、美国精神、美国外交政策、美国公民教育等方面的研究中。

一方面是关于美国核心价值观的研究。在我国学者看来，美国的价值观呈现出异乎寻常的多元性，这种多元性给美国社会的发展带来活力的同时，也带来一定的问题。② 美国核心价值观以个人主义为统领，个人主义作为一种政治和社会哲学是美国文化的核心价值观，它的形成除了受欧洲文化的影响外，更主要是源自美国"自我拯救"的清教主义、

---

① 任志锋. 大学生社会主义核心价值观认同的日常生活维度 [J]. 教学与研究，2016 (12)：86-91.
② 周文华. 美国核心价值观建设及启示 [M]. 北京：知识产权出版社，2014：10.

独立革命、西进运动，颂扬个人自尊、自立、自信的超验主义是个人主义价值观的思想基础，美国的自由经济体制和民主政治制度为个人主义价值观提供了政治保障及经济上的可能性。因而我国有学者提出，早期资本主义时代以法国大革命为标志的资本主义核心价值观是"自由、平等、博爱"，晚期资本主义时代以美国为主要代表的资本主义核心价值观是"民主、自由、人权"[1]。

另一方面是关于美国价值观教育实践的研究。我国学者从美国大学通识教育的实证研究入手，对美国主要大学进行了个案研究，从国家社会与大学价值观教育的互动关系中梳理了美国大学通识教育的价值观教育的理论与实践及对中国大学价值观教育的可借鉴性经验。王霞所著的《美国研究型大学通识教育反思》认为美国大学对学生价值观形成的作用主要是引导学生形成更加开放、自由和宽容的态度与价值观。[2] 蔡瑶所著的《价值观教育视域下的美国大学通识教育研究》中揭示了美国大学通识教育"隐形却非隐性"的国家在场性和塑造公民的作用。张宝予的《美国高校通识课程中的价值观教育研究》研究了美国高校通识课程价值观教育的目标体系、内容与方法和评估策略。周文华所著的《美国核心价值观建设及启示》总结了美国强调隐性课程、公共环境和情境熏染的教育方法。郑富兴所著的《现代性视角下的美国新品格教育》和易莉的《从价值中立到核心价值观——美国品格教育的回归》分析了美国新品格教育的教育哲学及教育策略，从比较的角度分析了"道德教育社群化"。中国的学者对美国大学价值观教育的发展趋势有比较精准的把握，比如，苏守波就注意到了社群主义思想对价值观教育

---

[1] 寇东亮. 社会主义核心价值观研究的方法论自觉 [J]. 中国特色社会主义研究, 2013 (5): 81-85, 89.
[2] 王霞. 美国研究型大学通识教育反思 [M]. 杭州: 浙江大学出版社, 2010: 201.

产生的影响，社群主义公民教育思想对新自由主义的公民教育主张提出了严肃批判，从而转向价值认同、公民参与和德行养成。①

(三) 对中美大学价值观教育的比较研究

随着改革开放的持续深入，比较、借鉴国外教育逐渐成为学者们关注的重要领域。近年来，已有部分学者对中美大学价值观教育进行了比较研究，并取得了一定的成绩。

一方面是关于价值观教育哲学和相关理论的比较研究。袁长青所著的《中西教育文化比较研究》对中国教育文化中的"控制之道"和西方教育文化中的"自由之路"进行了比较，提出构建以人的自由和全面发展为核心的新型教育文化观。② 张书琛的《西方价值哲学思想简史》、戚万学的《冲突与整合——20世纪西方道德教育理论》以及孙伟平的《价值差异和社会和谐》等著作为价值观教育的比较研究提供了哲学和理论基础。

另一方面是关于中美价值观和价值观教育的比较研究。首先是关于中美核心价值观的异质性研究，杨柳新的《大学的价值观教育与文化认同》提出大学价值观教育是文化认同的高级阶段，中美大学在价值观教育方面各有所长，中国需要向美国学习的是注重价值理性的培养，美国需要向中国学习的是在达成社会价值共识方面所做的努力。③ 陈怀平、廉永杰的《共通、异质与升华：当代中西方核心价值观辨析》，吴向东《中西价值观启蒙的模式差异及启示》等论文通过内在本质、文

---

① 苏守波. 社群主义公民教育思想在美国的兴起与实践 [J]. 外国教育研究，2010 (4)：85-90.
② 袁长青. 中西教育文化比较研究 [M]. 北京：社会科学文献出版社，2018：9.
③ 杨柳新. 大学的价值观教育与文化认同 [J]. 北京大学教育评论，2008 (10)：107-124.

化渊源和发展轨迹等方面论述了当代中西方核心价值观的异质分化。其次是关于价值观教育模式的比较研究,比如,高峰的《西方国家核心价值观培育路径及启示》介绍了美国直接课程和间接课程相结合的公民教育为主要路径的价值观教育。① 张燕的《中美价值教育课堂比较——以哈佛道德推理课和中国高校道德修养课为例》对中美价值教育课堂进行量化统计比较,认为对话与权威、探究与接受、开放分析与封闭系统是二者之间主要的区别。② 刘长龙的《当代中美核心价值观教育比较之启示》提出课程分散隐蔽、主体性突出、渗透与实践并重、教育手段多样化和精选教师队伍是当代美国核心价值观教育的特点。③ 崔志胜的《美国价值观建设及其对中国社会主义核心价值体系建设的启示》、黎开谊的《美国价值观教育及其对中国青年学生社会主义核心价值观教育的启示》等一系列论文从多种角度对中美两国的价值观教育进行了比较和借鉴。

二、国外相关研究进展情况

国外学者对美国核心价值观及大学价值观教育领域都有了一定的研究成果,但是对中国和美国大学价值观教育之间的比较研究还比较少,聚焦差异性的研究更是薄弱。

(一)美国关于本国核心价值观形成的研究

从继承而论,美国不仅继承了英国的传统,也继承了欧洲的传

---

① 高峰. 西方国家核心价值观培育路径及启示[J]. 社会主义核心价值观研究, 2016(6): 62-70.
② 张燕. 中美价值教育课堂比较——以哈佛道德推理课和中国高校道德修养课为例[J]. 比较教育研究, 2013 (3): 23-27.
③ 刘长龙. 当代中美核心价值观教育比较之启示[J]. 学术论坛, 2008 (9): 88-92.

统，① 美国核心价值观的形成与熔炉理论有直接关系，弗雷德里克·杰克逊·特纳在《边疆在美国历史上的意义》这篇著名论文中论述了"文化熔炉（Cultural Melting Pot）"思想。一些学者出于对美国价值观多元化担忧提出了同化论思想，认为美国的任务不是保存那些旧文化，而是塑造一种新的美国文化。迈克尔·布伦纳在《寻找美国的地位》一文中强调了美国文化的单核性，忽略了生活在美利坚的众多少数民族群体的各富特色的文化。② 1976 年穆瑞提出文化熔炉的概念似乎已经不适用于美国，美国已经是一个巨大的"沙拉碗"③，不同的文化虽然共处一处却没有深度融合，仍然各自保持着自己的特色。随着美国多元文化现实状况的加剧，"沙拉碗"的文化比喻越来越被人们所接受，甚至还具有某种"政治上正确"的色彩，进而取代了"文化熔炉"政策而进入公共表述领域。美国学者亨廷顿在著作《谁是美国人——美国国民特性面临的挑战》中，进一步表达了对多元价值观的忧虑，他还希望能够找到盎格鲁—撒克逊人的新教精神作为"美国主义"的新内涵，并将之推送、包装成能够调和美国多元文化的"沙拉酱"④。

（二）美国关于大学价值观教育的研究

哈佛委员会的《哈佛通识教育红皮书》和托马斯·里克纳所著的《美式课堂品质教育学校方略》是较早进入我国的美国价值观教育研究专著。自 20 世纪 80 年代以来，美国大学出现了从重视培养价值判断能

---

① 康马杰. 美国精神 [M]. 北京：光明日报出版社，1988：4.
② 转引自周文华. 美国核心价值观建设及启示 [M]. 北京：知识产权出版社，2014：21.
③ 转引自周文华. 美国核心价值观建设及启示 [M]. 北京：知识产权出版社，2014：21.
④ 塞缪尔·亨廷顿. 谁是美国人——美国国民特性面临的挑战 [M]. 程克雄，译. 北京：新华出版社，2010：64.

力向重视培养价值观品格的转变,而在哲学领域出现的新保守主义和社群主义的兴起更加强了这种转变。《美国精神的封闭》一书中,布卢姆对美国大学校园中显现的价值相对主义进行了猛烈的抨击和鞭辟入里的分析,提出美国大学亟须加强经典文献的阅读及对传统的尊重。① 博耶的《大学:美国大学生的就读经验》通过对调查获得的翔实数据的分析,强调大学本科教育不仅要教授学生知识,为他们将来的职业生涯做准备,更要帮助他们建立知识要为全人类的目标服务的价值观。② 在《失去灵魂的卓越——哈佛是如何忘记教育宗旨的》一书中,美国哈佛学院的院长刘易斯指责作为研究型大学代表的哈佛大学是"不实的卓越",只重视科研而忘记了引导培养学生的价值观。③ 当代美国著名的高等教育家德里克·博克(Derek Bok)曾担任哈佛大学校长20年,他对大学进行核心价值观教育、整合社会力量的必要性深有感触。他认为,一个国家要达到真正的繁荣与稳定,不仅要发展科技、增强经济实力、改善社会管理,还要使整个社会充满活力和生机,于是关注社会成员的责任心和共同价值观就变得特别重要,这"不仅对家庭而且对整个社会来说都是头等重要的大事"④。可见,美国的学者和教育家都对大学价值观教育中出现的科学技术意识形态化、"绝对价值"的贬抑、价值判断个人属性的争执等问题都有相当深度的讨论,对我国的价值观教育中出现的问题具有启发意义。德里克·博克还有两本中译本著作《大学的未来》和《回归大学之道》都表达了他对美国大学本科教育的

---

① 艾伦·布卢姆. 美国精神的封闭[M]. 战旭英,译. 南京:译林出版社,2011:56.
② 欧内斯特·博耶. 大学:美国大学生的就读经验[M]. 徐芃,李长兰,丁申桃,等译. 北京:北京师范大学出版社,1993:12.
③ 哈瑞·刘易斯. 失去灵魂的卓越——哈佛是如何忘记教育宗旨的[M]. 侯定凯,等译. 上海:华东师范大学出版社,2012:10.
④ Derek Bok. Universities and the future of America[M]. Durham NC:Duke University Press,1990:67.

反思与展望。

美国的大学价值观教育研究成果还集中在相关的博士论文,大多是关于某个具体领域的量性或质性研究,如课程评估、师资培训、影响课程效果的因素等,总结起来包括以下信息和观点:美国的价值观教育主要蕴含于通识教育、公民教育、学生事务管理、校园文化之中,其核心是公民意识和社会责任感的培养,完整恰当地理解人与自然、人与社会的关系。主流的教育方法是导师制、服务学习、新生研讨课、学习共同体。隐性课程包括课外活动、住宿制度、教师文化、学生文化、师生关系等方面,这些无形却又无处不在的因素构成了价值观教育的大环境,对价值观教育的实施效果起着至关重要的作用。还有些研究表明:如果服务学习与课程内容整合,通过讨论和写作为反思提供机会,那么它对道德推理的影响就会加深。这些研究成果从观点立论到研究方法都与我国现有研究有较大的差异性,对深化我国大学价值观教育具有重要的对照及参考价值。

(三)美国关于价值观教育的比较研究

美国的比较教育研究倾向于将国家与教育之间的关系作为比较教育的主线,强调民族主义和民族特性对教育制度的影响,就像萨德勒提出的著名比较教育观那样,"在研究外国教育制度时,我们不应忘记校外的事情比校内的事情更重要,并且制约和说明校内的事情"[1]。曾任哈佛大学国际教育研究所所长的卡明斯(W. K. Gummings)教授对东西方各国的学校价值教育实践与政策展开了全方位的实证研究,包括从课程看道德及宗教教育、价值教育的案例研究、价值教育的政策等内容,发

---

[1] 赵中建,顾建明. 比较教育的理论与方法——国外比较教育文选[M]. 北京:人民教育出版社,1994:115.

表了《价值教育的国际比较》等系列文章（1997年由我国学者钟启泉编译），对西欧的价值教育、美国的价值教育，以及中国的道德教育、马来西亚的道德教育、新加坡的道德教育进行了全景式的描述，得出了"亚洲各国的教育家注重人际关系的道德教育，而西方国家尤其是美国重视民主主义社会公民的作用"①的基本判断，开拓了探讨价值教育的视野。卡明斯通过比较研究发现，虽然道德教育与宗教教育相比是不稳定的课程构成因素，但两门学科在发展中国家和工业化国家都同样在课程中有其一席之地。②卡明斯也提道："不同国家其重点方针和实践有极大差别……由于注意到国家间的差异，也许反而可以了解价值教育是如何以多样的方法实施的，能够理出一些考察其可能性的线索。"③这从一个角度也印证了价值观教育差异性研究的必要性。

三、对国内外研究现状的述评

著名教育学家朱勃曾说："进行本国教育改革时要借鉴国外的教改经验，这是历史发展的必然趋势。"④他认为比较教育有三方面的功能。第一，要发现规律，研究教育的某些共同特点、发展规律及趋势。第二，要预测未来，根据马克思主义认识论，只要科学地剖析教育发展的过去和现在，就可能看出现代教育的大趋势。因此，比较教育要在探索规律和趋势的基础上，进行科学预测。第三，要为本国建设服务，这是最核心的功能，具体而言，就是为教育现代化服务。应该说现有的价值

---

① 卡明斯，钟启泉. 价值教育的政策——价值教育的国际比较（之三）[J]. 全球教育展望，1997（4）：31-35，80.
② 卡明斯，钟启泉. 从课程看道德及宗教教育——价值教育的国际比较（之一）[J]. 全球教育展望，1997（2）：5-12.
③ 卡明斯，钟启泉. 价值教育的政策——价值教育的国际比较（之三）[J]. 全球教育展望，1997（4）：31-35，80.
④ 朱勃. 从比较教育史看教育借鉴与改革[J]. 世界教育文摘，1985（4）：2-7.

观教育比较研究一直在向着完成这三项任务而努力,并且取得了相当的进展。从文献分析来看,比较研究涉及大学生价值观教育、社会核心价值观教育、单门课程价值观教育、家庭教育、理论基础、高等教育等方面,主要通过对比、概括、归纳、抽象、演绎等方法,对我国主要以课堂讲授、课外活动为主要方式的价值观教育与美国的价值澄清、价值推理判断、价值两难问题等方法进行比较,强调要注重隐性教育途径,注重大学生价值智慧的生成以及价值认识与价值行为的统一。

但是,通过文献分析我们也发现,对美国学校的价值观教育研究中,中、小学的研究相对深入,比如,关于价值澄清理论、道德发展理论、新品格教育研究等有多部专著被引入国内。对大学的价值观教育研究往往散见于通识教育、公民教育等专著中,描述性研究(编译性质的介绍)占了相当大的比例,历史研究和比较研究等深度分析较少,中美大学价值观教育的比较研究还没有专著或专题研究,只有部分期刊论文,专门的差异性研究更是无人涉及,对大学价值观教育比较研究所蕴含的学术价值和理论意义发掘还有待深入,还需要在分析、解释、转化美国经验的基础上进行创新,需要进一步从就事论事的状态上升到哲学和科学的高度。目前的研究成果的落脚点大多在批判和借鉴上,缺少体现鲜明中国特色、凸显中国文化独特优势的自觉。习近平总书记指出,"强调民族性并不是要排斥其他国家的学术研究成果,而是要在比较、对照、批判、吸收、升华的基础上,使民族性更加符合当代中国和当今世界的发展要求,越是民族的越是世界的"[1]。我们既要立足本国实际,又要开门搞研究,在理解与诠释异国文化和教育中,观照本土教育的发展并获得教育科学的洞察力,这正是差异性视域下中国大学价值

---

[1] 习近平. 习近平谈治国理政:第2卷[M]. 北京:外文出版社,2017:340.

观教育研究的根本旨归。

第四节 研究思路与研究方法

一、研究思路

(一) 研究目标

本书旨在通过对中美两国大学价值观念教育进行多向度、多层次、深入系统的比较研究，达成以下四个互为一体的研究目标。

第一，从哲学基础及相关理论维度审视价值观教育理念与实践，将我国现有的价值观教育放置在迥异的理论参照体系内，基于不同的知识结构与价值立场，为我国的教育理论改革提供国际化参照。

第二，借鉴美国经验，从他国的经验中寻求改进本国教育现代化转型之道。美国的道德和价值观教育的现代化已经是一种实然形态，本研究旨在实现中美大学价值观教育知识、方法与经验的理解、对话和交流，从美国的经验与做法中汲取有益于中国的元素。

第三，尝试从外域视角认识价值观教育中几对主要矛盾的本质。价值观教育过程中有几对主要的矛盾关系，如个人与社会之间的矛盾，教与不教之间的矛盾，教育者与受教育者之间的矛盾等，矛盾是事物发展的内在动因，本研究拟以美国经验为参照和镜鉴破解中国难题。

第四，从"表达中国声音"走向"提供中国方案"。在差异性研究中比出文化自信心、比出制度优越感，更加坚定地坚持我们应该坚持的，形成我们自己的、科学的教育体系。

(二) 研究的理论基础

"在我国，不坚持以马克思主义为指导，哲学社会科学就会失去灵魂、迷失方向，最终也不能发挥应有作用。"[①] 本研究遵循马克思主义理论的基本立场、一般观点和研究方法，实现学术性与意识形态性的有机统一。

第一，在基本理论方面，马克思世界史理论与人类命运共同体思想是本研究的逻辑前提；人的本质理论是本研究的主体归依；社会存在与社会意识辩证关系理论是本研究的客体依据。

第二，在价值论方面，马克思主义意识形态理论为本研究提供了社会价值依据；人的全面发展理论为本研究指明了个体价值；"四个自信"和实现中华民族伟大复兴的中国梦彰显了本研究的当代价值。

第三，在方法论方面，马克思主义关于比较法的应用为本研究提供了方法支撑；阶级分析方法是理性认识中美大学价值观教育本质差异的强大武器；矛盾分析方法是全面客观地把握价值观教育规律的根本方法。

(三) 研究逻辑

本研究首先分别对中美两国大学的价值观教育进行纵向的历史考察和比较：主要根据现代化进程的社会理论探讨两国价值观教育的历史传统与变革，将价值观教育置于两国迥异的社会发展过程中进行考察，从而明晰国家制度、社会发展阶段、政治、经济等因素对大学价值观教育的决定作用。接下来是对中美两国大学价值观教育进行横向的比较考察，从教育理论、教育内容、教育方法途径三方面，聚焦差异性比较，探讨关于价值观教育本质、内涵、特征等问题。最后分别对中美价值观教育的基本经验、本质特征、成效与不足进行总结和评价，为处于

---

① 习近平. 在哲学社会科学工作座谈会上的讲话 [M]. 北京：人民出版社，2016：18.

社会转型期的我国大学价值观教育提供启示，并在此基础上提出未来展望。

二、研究方法

根据选题特点和研究内容的客观要求，采用以下方法展开研究：

（一）文献分析法

本研究是基于文献资料进行的研究。首先，尽可能多地收集和筛选高质量文献资料，然后按照研究逻辑对资料进行提炼、摘要和分类。其次，对本领域内有影响力的学者和科研机构的观点进行采集和梳理，厘清各种观点之间的关联和差异。另外，除了译著以外，本研究还需要大量英文原文文献支撑论据的充分与完整，ERIC、EBSCO等期刊数据库和网络资源很大程度上弥补了时空的限制。对原始英文文献去芜存菁，提炼辨析并合理利用是保证本研究科学性的重要工作。

（二）比较分析法

中美大学在价值观教育方面共性与特性并存，本研究在共通之中看到差异，通过比较分析的方法对二者之间的特性进行归纳与总结。本研究对两国价值观教育异质性的发现与解释包括异质性的征兆与标记、异质性的可能效应、异质性的外部因素、异质性趋同的可能性或变化趋势及异质性条件下的最优选。

（三）历史与逻辑相统一的方法

通过历史考察与逻辑分析相结合的方法，对中美大学价值观教育发展与变革的历史文化根基进行系统的梳理，并通过逻辑分析来总结中美大学价值观教育差异性特点发生发展的必然规律和趋势。

(四）理论与实践相结合的方法

用理论与实践相结合的方法考察中美两国大学价值观教育的客观现象和各自解决教育矛盾的经验，理性分析两国教育的差异性特点和现有教育样态的形成条件，揭示政治、经济、文化对教育的制约作用。

第二章 中美大学价值观教育发展历程的差异性

在这样一个加速现代化时代,我们更需要以历史的眼光去考量不同教育实践之间的关系。本章内容以现代化进程为中轴,以人类社会发展所标识的社会时间为刻度展开。以现代化为视角进行比较研究能够更明晰地凸显导致中美两国的大学价值观教育实践差异性的那些无法超越国家、民族、文化的客观因素,进而更加深刻地揭示中美大学价值观教育的"所以然",即现状的历史合理性。

第一节 中华人民共和国成立以来大学价值观教育发展的历程

"在我国,对价值观及其教育的阐发、引进、思考、探索和推广,是最近30年间发生的,它伴随着改革开放、社会主义市场经济的发展而发展,是教育对社会发展的真实回应和贡献。"[1] 从中华人民共和国

---

[1] 蓝维,夏飞. 价值观教育的确立与发展——价值观教育30年的历史回顾[J]. 中国价值观教育,2008(12):18-21.

成立到改革开放的将近30年间,我国高等教育领域虽然没有明确的价值观教育概念,当然也就谈不上明确的价值观教育历史,但这并不表明我们没有对大学生进行有关价值观的教育,只是价值观教育更多地被涵盖在德育和思想政治教育之中。① 本研究将中华人民共和国成立70多年以来的大学价值观教育历史发展分为两个阶段。从中华人民共和国成立到改革开放的将近30年为第一阶段,是中国大学的价值观教育"隐性"发展阶段,根据特点可以进一步分为两个时期,主要从新中国大学的思想政治教育的历史中把握价值观教育的发展脉络。改革开放至今的40多年为第二阶段,是中国大学的价值观教育"显性"发展阶段,这一阶段以社会主义核心价值体系和"三个倡导"的提出为分界点,分为两个时期。

一、中华人民共和国成立初期大学价值观教育开始初步探索

1949—1956年全国上下百废待兴,国家的主要任务是完成社会主义改造,社会主要议题是巩固政权与建设,特别需要先进的理论来号召和团结群众,传播马克思主义、宣传科学社会主义思想是当时文化建设的首要任务,大学责无旁贷地承担起为新政权的巩固奠定思想和人才基础的重任。《中国人民政治协商会议共同纲领》将中华人民共和国成立初期的教育任务确立为:彻底肃清帝国主义、封建主义和官僚资本主义的反动思想,培养、引导青年全心全意为人民服务,提高青年的整体素质。

第一,价值观教育的政治功能凸显。1956年《中华人民共和国高等学校章程草案》颁布,确立了中国共产党对高等学校的领导。全国

---

① 石海兵. 简论建国60年青年价值观教育的历史发展[J]. 中国青年研究, 2009 (12): 24-28.

范围内的大学逐步形成了一种新的格局：学校内部成立党委承担领导责任，开设政治理论课，指导青年学生成立团体组织，以青年团、学生会等为单位参与到大学生价值观教育的工作当中。高等教育为政治服务的理念逐渐凸显，经济、文化功能相对弱化，一定程度上背离了高等教育的发展规律。但是以上工作为过渡时期各项工作的顺利开展起了思想保障作用，提供了强大的精神动力，使这一时期成为新中国历史上党风和社会风气最好的时期之一，也为后来的价值观教育积累了丰富的经验。①

第二，核心任务是抵御资产阶级思想对青年的侵蚀。1954年10月到次年9月，全国上下开展以"培养青年共产主义道德，抵制资产阶级思想侵蚀"为主题的活动，无异于一场无产阶级与资产阶级争夺接班人的斗争。党中央对团中央做出明确指示，对于当代青年的思想教育必须予以正向的引导，树立法律意识、集体意识，培养青年对劳动的热情，在青年的意识观念中培育出牢固的道德标准，以此为合力形成一种新的道德风尚，通过正向引导的方式提高青年的政治觉悟和思想观念，抵御资产阶级思想对青年的侵蚀。

第三，价值观教育重视青年身心特点。毛泽东在会见青年团时曾指出：青年团要照顾青年的特点，"要使青年身体好，学习好，工作好"②，"三好"即成为此后培养青年学生的标准。《关于加强党对青年团的领导给各级党委的指示》中也有明确指示：各级党委应当针对当代青年的具体特点，有针对性地指导青年的学习、工作，同时不能放松

---

① 韦冬雪，陈元明. 新中国成立以来我国社会核心价值观教育变迁探要 [J]. 思想教育研究，2013（6）：46-50.
② 共青团中央，中共中央文献研究室. 毛泽东邓小平江泽民论青少年和青少年工作（增订本）[M]. 北京：中央文献出版社、中国青年出版社，2003：112-113.

对马列知识以及时政的关注。价值观教育把实现"三好"作为目标，关心青年的体魄、技术能力和事业发展，开展"三好"活动、评选"三好"学生成为青年价值观教育的重要形式。

二、社会主义建设时期大学价值观教育起步阶段

1956年以后，社会主义改造基本完成，全国蓄力待发开启了社会主义全面建设，此时的大学价值观教育进入了起步阶段。通过高校的政治宣传和价值观教育，广大青年学生振奋了精神、增强了对社会主义的信心，培养了一大批爱党、爱人民、爱社会主义的青年人才。

第一，在价值观教育原则和方式方法上进行了有益的探索。1959年中共中央批转共青团中央《关于对学生进行政治教育中几个问题的报告》，结合当时学生中存在的问题提出了修改意见①，针对当时社会中普遍存在的整风运动，一定程度上影响到了青年学生学习进度的问题，对教学工作做了指示，学校中的思想工作应当辅助学生的学习，教学工作仍然是学校的主要任务。对青年学生的思想工作应采用具体问题具体分析的方法，遵循以理服人的原则，取代强制性的灌输。文件还指出教育的最终目的是培养出学生向往真理、不懈追求真理的品质，因此要保护青年在民主、自由的校园环境中成长。以上论述是对"一切以政治为中心"教育指导原则的重大突破，为以后的大学价值观教育沿着正确的方向前进有着重要的意义。在教育方法上开始注意运用"典型示范"引导大学生"学英雄，见行动"。1963年，共青团中央树立雷锋同志为典型，毛泽东为雷锋题词"向雷锋同志学习"，学习雷锋活动在全国青少年中迅速形成了热潮。雷锋精神教育了一代青年，时至今日

---

① 刘献君. 建国五十年大学德育研究的回顾与展望 [J]. 高等教育研究，1999（4）：32-42.

仍然散发着不朽的光芒。这一时期还涌现出了王进喜、焦裕禄等典型人物，凝练出鞍钢精神、铁人精神等时代精神，显示出了集体主义价值观的引导力量。在这一时期，还进行了"比、学、赶、帮、超，争做社会主义建设的积极分子"和"为建设祖国、保卫祖国健康工作 50 年"等一系列全国性的教育活动，大学生们的思想觉悟得到极大提高，爱国热情受到鼓舞。

第二，明确了我国高等教育旨在为社会主义建设储备人才，明确了教育的无产阶级属性，推动了政治教育和思想教育的全面施行。1957 年，毛泽东在《关于正确处理人民内部矛盾的问题》中指出："我们的教育方针，应该使受教育者在德育、智育、体育几方面都得到发展，成为有社会主义觉悟有文化的劳动者。"他认为作为新一代的青年大学生"没有正确的政治观点，就等于没有灵魂"①。这是国家领导人第一次对教育的"德、智、体"全面发展提出明确要求，而且把"德"育放在了首要的位置上。1958 年，毛泽东同志再一次明确指出："政治和经济的统一，政治和技术的统一，这是毫无疑义的，年年如此，永远如此。这就是又红又专。"② 毛泽东的这一论述不仅在当时是完全正确的，直到今天对当前的价值观教育仍有十分重要的指导意义。

第三，这一时期的价值观教育也出现了严重的曲折。"文革"期间一切以阶级斗争为纲，大学价值观教育进入一个罕见的异化过程，从指导思想到工作方法都受阶级斗争扩大化理论的支配。

---

① 共青团中央，中共中央文献研究室. 毛泽东邓小平江泽民论青少年和青少年工作（增订本）[M]. 北京：中央文献出版社、中国青年出版社，2003：112-113.
② 中共中央文献研究室. 建国以来重要文献选编：第 11 册 [M]. 北京：中央文献出版社，1995：46.

三、改革开放之后大学价值观教育日趋成熟

1978 年,中国走上了改革开放之路,党的工作重点转移,为教育、科学、文化事业步入正轨提供了政治保证。这一阶段我国的大学价值观教育从自发走向自觉、从不成熟走向成熟,回归了社会主义的正常轨道。

第一,关于"价值观教育"的理论研究与实践全面开启。学界一般认为我国是从 1978 年开始了对"人生价值观"的正式关注①,这也可被视为价值观问题研究和价值观教育实践的开端。2000 年,江泽民同志首次对青年学生的价值观教育问题做出指示,"帮助他们树立正确的世界观、人生观、价值观"。价值观教育作为"三观"教育重要内容之一,在全国的基础教育中被确立下来。② 以此为关节点,价值观教育进入了全国范围内教育工作的重要内容。

第二,对"人生价值观"的讨论引发了对价值观教育问题的进一步思考。1980 年,一封发表在《中国青年》的来信《人生的路呵,怎么越走越窄》触发了全社会青年群体关于人生价值问题的大讨论,青年人开始反思集体与个人、社会价值与自我价值之间的关系,反映了当时中国青年群体价值观和人生态度的观点,在全国范围内引发了青年的共鸣和教育者的关注。价值观教育开始出现"人本价值观"和"促进人的发展"转向。过于急迫地提升经济效益却忽视人的价值和意义的发展理念引发了贫富差距、生态环境等诸多矛盾和问题。功利主义等社

---

① 教育部邓小平理论研究中心调研组. 关于价值观问题的调研报告 [J]. 高校理论战线,2002 (1):18-27.
② 蓝维,夏飞. 价值观教育的确立与发展价值观教育 30 年的历史回顾 [J]. 中国价值观教育,2008 (12):18-21.

会思潮相互激荡，部分大学生的价值理想出现了一定程度的动摇。整个社会和高校都亟待一种更加科学的价值体系和教育理念对原有的社会价值观进行重新整合。党在这个时候确立全面推进建设小康社会的目标，价值理念上更加注重民生、更加注重人的全面发展。高校也开始转向遵循人的发展规律和教育规律，主动探索适合大学生思想特点和人才培养目标的发展之路。

第三，价值观教育有了明确的方向性，并且有了系统的理论指导。1986年，《中共中央关于社会主义精神文明建设指导方针的决议》首次在国家重要文件中提到"价值观念"。这一时期大学的价值观教育主要是以"五讲四美"、爱国主义教育、培育"四有新人"等精神文明创建活动的形式开展，大力倡导社会主义道德风尚。进入21世纪，党和政府接连发布一系列文件和重要指示。2001年，中共中央印发的《公民道德建设实施纲要》是引导大学生树立正确道德价值观的指导性文件，对青年学生提出了一系列基本道德规范；2004年，中共中央国务院《关于进一步加强和改进大学生思想政治教育的意见》提出了"以理想信念教育为核心，深入进行树立正确的世界观、人生观和价值观教育"的要求；2005年，《中共中央宣传部教育部关于进一步加强和改进高等学校思想政治理论课的意见》更有针对性地对大学思政课给予更高度的重视，以思政课堂为主要阵地对青年学生展开有效的价值观教育；2006年，党的十六届六中全会《关于构建社会主义和谐社会若干重大问题的决定》中首次提出社会主义核心价值体系，明确社会主义核心价值体系的内容，将时代精神、民族精神融入社会主义核心价值体系中。

四、党的十八大以来大学价值观教育创新发展

进入 21 世纪后，我国的经济快速发展，人们的生活水平有了显著提高，大学价值观教育迎来了新的发展机遇。特别是社会主义核心价值观的提出，明确了大学价值观教育的主要任务，中国大学的价值观教育有了质的飞跃。

第一，培育和践行社会主义核心价值观成为大学价值观教育的首要任务。党的十八大从国家、社会、公民三个层面明确提出了"三个倡导"，反映了我国社会主义制度的本质属性。为了更好地践行和落实社会主义核心价值观，学界涌现出一批高质量学术成果，为教育实践提供了有力支撑，全力推进社会主义核心价值观融入国民教育全过程。高校思想政治教育工作者也积极行动起来，加强组织领导，加强主阵地建设，抓好宣传教育和实践养成，以管理服务、校园文化、社会实践等为主要手段，推动社会主义核心价值观从理论观念向实践层面转换，内化为青年学生的道德标准、价值准则和理想信念。

第二，加强顶层设计与推进力度，对大学价值观教育的重视和施行都提升到了一个全新的高度。2013 年，中共中央印发了《关于培育和践行社会主义核心价值观的意见》，明确指出培育和践行社会主义核心价值观的重要意义和教育路径；2014 年，习近平总书记在北京大学师生座谈会上以"青年要自觉践行社会主义核心价值观"为主题发表了重要讲话，同年中共教育部党组、共青团中央联合下发了《关于在各级各类学校推动培育和践行社会主义核心价值观长效机制建设的意见》。党和国家的一系列举措表明，"培育和践行社会主义核心价值观是凝魂聚气、强基固本的战略任务，是提升国家文化软实力的根本举措"①。

第三，习近平总书记提出"根本任务"的两个重要论断为新时代价值观教育做出了纲领性的指导。培养什么人是教育的首要问题，习近平总书记在讲话中提出"坚持把立德树人作为根本任务""我们的教育必须把培养社会主义建设者和接班人作为根本任务"②，为我国的教育事业指明了方向，决定了我们国家的教育是为了培养具有共产主义觉悟、拥护社会主义制度和中国共产党领导的有用人才。新时代中国大学价值观教育的首要目标就是引导大学生认同并践行社会主义核心价值观，引导他们将自身的人生价值、奋斗目标与国家的事业紧密联系在一起。

第四，大学价值观教育理念更加尊重人的主体性。这一时期的价值观教育已不再是分散的、孤立的，而是呈现出教育内容的系统性、教育方式的层次性和教育方法手段的多样性。③ 更加尊重学生的主体性，在使价值观教育更贴近实际、贴近生活、贴近学生方面做了很多努力，专家讲座、主题讨论、环境熏陶、体验式教学、社会实践等多种教育手段综合运用，不断增强价值观教育的科学性、针对性和实效性，我国大学价值观教育水平取得了跨越式发展。

---

① 彭波. 刘云山在培育和践行社会主义核心价值观座谈会上强调推动形成奋发向上崇德向善的强大力量［N］. 人民日报，2014-1-5（01）.

② 习近平在全国教育大会上强调：坚持中国特色社会主义教育发展道路 培养德智体美劳全面发展的社会主义建设者和接班人［N］. 人民日报，2018-9-11（01）.

③ 韦冬雪，陈元明. 新中国成立以来我国社会核心价值观教育变迁探要［J］. 思想教育研究，2013（6）：46-50.

第二节 美国建国以来大学价值观教育的发展历程

无论是过去还是现在，美国许多大学将价值观发展（values developing）视为其最重要的教育成果之一。[①] 只是在不同的历史时期，教育理念、核心内容和方式方法等方面存在差异。对于只有200多年历史的美国来说，它的历史就是它的现代化史，关于美国的历史分期，基于不同的角度有多种划分方法。然而，教育由于受到各种主客观条件的影响，并不像经济和社会发展那样会基于战争或经济危机等某些标志性的历史事件而有明显的分界，因而本书对美国大学价值观教育发展阶段的划分主要是依据能够体现教育政策、价值取向、理论与实践转向的多种线索。

一、美国建国至19世纪末大学价值观教育的初步形成

美国的大学价值观教育可以追溯到殖民地时期，以宗教价值观教育为中心的学院教育延续了欧洲古典人文教育模式，宗教道德价值观教育是美国大学价值观教育的雏形。在美国争取独立时期，美国精神认同基础上的、统一的国家意识孕育成形，为建立独立统一的民族国家打下了思想基础。这一时期的大学价值观教育的主要内容由宗教教义和传统美国精神构成。

第一，基督教在西方人类文明发展史上起着其他任何一种文化都无法比拟的重要作用。经过中世纪长时间的宗教统治，宗教已经在民众中

---

① Gill R. Values Developing in College Students [M]. London: Macmillan, 1985: 42–45.

形成了不可置疑的、不可撼动的绝对地位，人们从基督教教义中获得了虔诚的信仰，宗教教育中内含着丰富的价值观认知和道德戒律，包括对宗教的信仰、上帝赐予的权利、对生活和他人的态度等。清教徒借助宗教培养虔敬的教众和服从权威的社会公民，清教主义的道德追求和人生哲学成为大学的主导价值规范。这一时期的大学价值观教育的主要方法是价值原则灌输，基督教教义丰富的道德价值观成为说教的主要内容。

第二，美国建国时正处于西方民族国家的形成时期。为了塑造美利坚民族统一的文化性格，传统的美国精神构成了大学价值观教育内容中的另一重要组成部分。著名学者鲁斯·埃尔森提出："19世纪的学校教科书对一些基本信仰持坚定的、一致的立场，这些价值判断包括爱国家、爱上帝、对父母的责任、节俭、诚实、勤奋等，这些是毋庸置疑的。"① 这一时期除了传授宽容、诚实、自律、仁慈等传统的宗教价值观以外，还强调对"山巅之城"的自信和对资产阶级自由和民主的追求，为塑造美利坚民族统一的文化性格奠定了基调。

第三，美国建国初期大量外来移民涌入，实现社会的稳定与国家的长治久安成为迫切需要，大学的价值观教育就成为能够将不同文化、种族、信仰的移民有效融合的教育方式。大学价值观教育侧重对国家的热爱以及对自由与民主政治的追求，培养大学生对美国社会制度与文化的认同，以便促成宽容与自由的一整套社会价值法则的形成和学生对新国家的强烈认同感。该时期的价值观教育通过"美国精神"、自由主义等意识形态的灌输，使学生产生深刻的国家认同，"绝对不可任凭运气摆布，却要细心地予以定义，且强有力地予以培育"②。价值观教育成为

---

① Ruth Elson. Guardians of Tradition: American Schoolbooks of the 19th Century [M]. Lincoln: University of Nebraska Press, 1964: 338.
② 林玉体. 美国教育思想史 [M]. 北京: 九州出版社, 2006: 120.

美国维护国家制度安全和共同文化精神内核的有效手段,对最终确保美国社会的凝聚力与有序性等方面起了巨大作用,逐步形成了以个人主义为核心价值取向的培养目标、以资本主义意识形态为核心的教育内容。

二、20 世纪上半叶大学价值观教育社会功能减弱

哈佛大学最初的章程中规定:每个人都应该考虑自己生命和学习的主要目的,了解上帝和耶稣得以永生……他们应避开一切亵渎神灵的名字、特征、语言、典章和礼拜时间,要以敬畏和博爱之心学习,使神及其真理在他们的心中得以存留。300 多年后的 1978 年,新成立的北佛罗里达大学的宗旨是:通过提供良好的职业基础教育,满足当地的商业管理需求,反映社会经济特点,培养实用性人才,为佛罗里达州东北部地区服务。这两种办学理念的巨大差异从一个侧面反映了美国高等教育的发展趋势,引发这一发展趋势的主要因素是进步主义教育思想、高等教育大众化和美国社会文化多元化。自杜威领导的进步主义运动到品格教育复兴运动开展以来的近百年时间里,美国大学价值观教育走向了隐性,现代课程体系挤占了价值观教育的时间和空间,使它只能隐没到专业课程和活动中进行。

第一,进步主义教育思想质疑价值观教育的有用性。进步主义者相信"没有永恒的价值体系,它将随着经验的变化而变化、发展"①。进步主义代表人物杜威从实用主义角度看待价值观教育,他认为教育应该承担协调个人与社会关系的功能,这是"一切教育的根本问题"②。杜

---

① Edward McClellan. Moral Education in America: Schools and the Shaping of Character from Colonial Times to the Present [M]. New York: Teachers College Press, 1999: 56.
② John Dewey. Human Nature and Conduct: An Introduction to Social Psychology. University of South Carolina Press, 1993: 2.

威认为学校层面的价值观教育只是空洞的道德说教，缺乏真实的社会性条件。教育家卡尔·贝特雷（Carl Bereiter）也认为价值观教育应该是个人的事情而不是教育的责任，他说："公立学校闯入像价值观这样的个人问题，与混淆教堂和政府一样危险。"① 绝对主义的、以宗教和伦理学为基础的传统道德价值观教育开始走向没落，强调理性作用的、以心理学为基础的现代道德教育被融入大学教育教学过程中，成为一种隐性课程。美国大学成了只教书不育人的地方，只教授实用知识而在实质上放弃了学生品格与价值观的教育。同时，传统价值观教育的形式主义和机械教条也受到了批判，人本主义、社会改良理论、社会效能理论、社会建构理论的相继提出带来了新的教育理念。

第二，高等教育大众化带来了价值观教育合法性危机。进入20世纪60年代，随着新型大学的出现，美国高等教育走向大众化，各个大学都在竞相参与当时快速发展的工业和经济革命，科学研究和为学生提供职业训练成为高等教育的主要功能。价值观教育被科学理性驱逐。生命终极目的探索、生活价值的构建、人生意义的导引都被认为缺乏客观的确定性和可共享的普遍性，不得不被驱逐出教育的领地。教育被认为应该保持价值中立，需要理性地回避甚至坚决杜绝各种有偏见的价值观，只有"价值无涉"的教育才是客观公正的教育。对科学理性的无限追求将价值观排挤到了无奈的境地，将价值观教育偷换成关于价值观的知识的教育，这在实质上无异于取消了价值观教育。"价值中立"（ethical neutrality）观点的流行使教职人员常常认为他们不再（或不想）对学生的价值观发展负责，这完全改变了教师与学生的关系，从而改变了学校的性质：教授的主要任务是学生的学术发展而不是道德发展。美

---

① Bereiter C, Scardamalia M. Surpassing Ourselves: An Inquiry into the Nature and Implications of Expertise [M]. Chicago: Open Court HC, 1993: 210.

国大学中价值观教育的地位已达到历史的低谷。

第三，公共领域与私人领域的分化瓦解了原有价值观教育秩序，普遍价值原则在社会思潮冲击和学生反权威运动的双重压力下走向瓦解。资本主义制度下的自由和民主成为瓦解公共领域价值秩序的保护伞，通行的规范不再具有普遍的意义，只能以"藏品"的形式被允许在私人生活领域中存在。多种族融合所带来的文化多元、校园民主的深化和科学主义的盛行，各种因素交织在一起助长着大学里价值相对主义的流行，价值观从抽象的、普遍的规范变成取决于个人选择的信念和行为。这种教育培养出来的学生坚信价值相对主义，符合社会高度分化、社会生产精细分工的现代社会，但是社会公共领域需要的价值一致性也被消解，大学价值观教育走向更加纯粹的个人中心化，价值观教育的功能领地进一步缩小。

三、20世纪70年代之后公民价值观教育开始彰显

20世纪60年代，与现代资本主义和市场经济相关联的物质主义和极端个人主义价值观渗透在大学生活之中，大学生只追求生活富裕和职业成功，放弃了对人生的思考。这种广泛存在于青年中的思潮被教育者视为倒退，很多大学都意识到，除非找到更好的办法把大学生作为公民来教育，否则美国将有滑进新的黑暗时代的危险。于是70年代以后，美国大学价值观教育在经历了一段时间失语的窘境后重新赢得了认可，一种以公民身份制度及其价值观为核心的公民秩序"喷涌而出"[①]，填补了道德价值观教育社会功能上的缺失。

第一，公民价值观教育日渐复兴。1983年出台的《国家处在危险

---

① Butts R F. The Civic Mission in Educational Reform: Perspectives for the Public and the Profession [M]. Stanford, Hoover Institution Press, Stanford University, 1989: 185.

之中，教育改革势在必行》报告提出将国家共同思想和基本价值观作为教育改革的基本纲领，指出将知识技能性教育与道德性教育二者相统一，培养"站在新世纪曙光下的美国人"[1]。无论是在课堂上还是在课外，学生的态度、行为、信仰都会受学校的影响。知识结构、学术标准，学生和教职人员遵循的行为规范、课外活动所起的作用，对政策和程序的重视，以及为入学和毕业设定的标准，都揭示了学校某方面的价值观，以及他们对学生价值观发展的期望。"价值教育（values education）"和伦理公民教育（ethical-citizenship education）越来越经常地出现在大学公民教育之中，成为公民教育的一项重大革新，在此之前，价值观教育从没有得到如此的重视。据有关统计数据表明，有46个州已经做出实质性的努力，将共同价值观和民主政治原则融入公民教育。[2] 这是美国教育史上首次在全国范围内开展公民价值观教育。显然人们已经认识到，"民主价值观念是我们彼此不同但同时所具有的共同之处"[3]，个人的理想信念不能处于全然的自由，失去了公共认可的无限度自由会对国家造成不利影响。但是在美国，想要传递统一的价值观并不是一件简单的事，价值观教育仍然受到不断的质疑。

　　第二，新保守主义思潮在20世纪70年代开始登上美国意识形态领域。新保守主义提倡回归传统，将共同价值观视为对公共利益的共识，在文化、政治和学校教育领域扩大主流价值的影响。价值观教育进入另

---

[1] 教育发展与政策研究中心. 发达国家教育改革的动向和趋势 美国、苏联、日本、法国、英国1981—1986年期间教育改革文件和报告选编 [M]. 北京：人民教育出版社，1986：4.

[2] Freeman Butts R F. The Revival of Civic Learning：A Rationale for Citizenship Education in American Schools [M]. Bloomington IND：Phi Delta Kappa Education Foundation，1980：100.

[3] 沃尔特·帕克. 美国小学社会与公民教育 [M]. 谢竹艳，译. 南京：江苏教育出版社，2006：87.

一个阶段，新保守主义对待传统价值观的态度更加理性，并非对其全盘接受或全盘否定，维持作为核心的民主政治价值观，并对西方传统价值观中迎合美国国家发展的部分予以筛选整合，重新定位了美国高等教育中价值观教育的位置，增加"共同文化"，承认和包容"非主流文化"，帮助青年一代适应美国当时的社会变革，增强多元化国家中公民认同感和国家公民身份自觉。

第三，20世纪80年代，美国大学学生事务工作有了很大发展，成为价值观教育的重要领域。虽然这个时期学生事务部的工作人员仍在从事协助学生进行学业、个人、财务和社会性调整以适应校园生活的任务，但20世纪六七十年代大学生道德不佳的事实促使他们在价值观教育方面发挥全新的、积极的领导作用。专门的学生事务工作人员开始组织研讨会、辩论、培训、座谈会和跨文化讲习班，向学生传授宽容、相互尊重、机会平等，甚至博爱等价值观。许多学院的学生事务系主任开始清楚地知道，通过自己的"课程"应该来教授什么。最重要的是，他们获得了这样做的信心和地位。在这一时期，学生事务工作者得到了高等教育、心理学和社会学大量优秀的科学研究和学术论文的极大帮助。

四、21世纪道德价值观教育与公民价值观教育走向融合

美国社会不同种族之间、社会精英与普通民众之间、宗教与世俗之间的价值观冲突日趋尖锐，价值多元主义带来了无尽的争执和难以处理的分歧。为了破解国家治理难题，达到全社会在政治上的妥协和一致，美国大学担负起了培养负责任、有教养的美国和世界公民的任务，发展大学生有效协商的技能和品质。美国大学开始对价值观教育进行重新定位和思考，重新为公共领域和私人领域设置分界线，试图将道德教育融

入公民价值体系中。

第一，将公民教育与个体道德修养分割开的态度有所转变。哈佛大学教授海斯特（Helen Haste）批评了大学教育中割裂"好人"与"好公民"的现象，他认为如果从公民的角度出发看待道德和政治的关系，就不会将二者区分得那么清楚，因为"对诸多道德问题的讨论（如社会正义）直接牵涉立法和政策上的诉求，而公民政治参与的动机抑或期许改革的诉求，又往往取决于其道德的敏感性"①。"越来越多的教育者和大学应致力于培养未来公民的民主品质，有效推动人们参与集体决策，使人们尊重自由、自治和政治平等，并通过审慎的协商达成共识。"② 美国社会各界人士就大学"要不要教授价值观"达成了基本共识，尽管细节存在争议，但是大体上认为有必要对美国的青年进行基本的价值观教育，"每一代人都必须努力持存历史遗留下来的基本价值观和原则"③。当价值观教育的必要性得到肯定，此后美国教育界转而关注"如何教授价值观"。

第二，教育理论表现出向综合化发展的趋势。既承继了西方传统价值观教育的显性特征，又吸收了现代教育学、心理学特别是建构主义发展心理学新的研究成果，凸显隐性教育的特点。公民的价值观教育不再是社会学习理论指导下的个体政治社会化的手段，而是在尊重个体生活经历和价值选择的基础上的自主构建过程，个人的生命经验和文化背景

---

① Helen Haste, Amy Hogan. Beyond Conventional Civic Participation, Beyond the Moral-political Divide: Young People and Contemporary Debates about Citizenship [J]. Journal of Moral Education, 2006 (35): 474.
② 罗伯特·纳什. 德性的探询：关于品德教育的对话 [M]. 李菲, 译. 北京：教育科学出版社, 2007: 12.
③ The National Task Force on Civic Learning and Democratic Engagement. A Crucible Moment: College Learning and Democracy's Future [R]. Washington DC: Association of American Colleges and Universities, 2012: xiii.

得到尊重，使得"道德价值观在激励公民行为上发挥着越来越重要的作用，因为它可以使公共问题与个人更具相关性，并为之提供相应的目的性意义"①。

第三，关注文化信仰价值观教育，在文化自觉的基础上倡导多元和谐。2012 年，权威报告《严峻时刻：大学学习和民主未来》宣称："今天的民主教育亟须深度渗透一系列重要价值观，如自由、平等、自我价值、开放思维，以及与不同观点背景的人谋求合作以寻求实现共同利益的解决方案。"② 美国大学通过培养学生的批判性思维和价值判断力提升学生的理解和对话技能，努力达成差异基础上的价值共识，引导学生关注社会问题，使学生产生深刻的国家认同，实现了价值观教育一元与多元、传统与现代的融合。

第三节　中美大学价值观教育发展历程的差异性及原因分析

在不同的历史进程和社会条件下，中国和美国的大学价值观教育形成了不同的形态。"古今中外，每个国家都是按照自己的政治要求来培养人的，世界一流大学都是在服务自己国家发展中成长起来的。我国社会主义教育就是要培养社会主义建设者和接班人。"③ 习近平总书记的

---

① Mario Carretero, Helen Haste, Angela Bermudez. Civic Education [M] // Lyn Corno, Eric M Anderman. Handbook of Educational Psychology. Third Edition. New York：Routledge, 2016：297.

② The National Task Force on Civic Learning and Democratic Engagement. A Crucible Moment：College Learning and Democracy's Future [R]. Washington DC：Association of American Colleges and Universities, 2012：3.

③ 习近平. 在北京大学师生座谈会上的讲话 [M]. 北京：人民出版社, 2018：3.

这段论述揭示了教育的普遍性和特殊性的辩证法,即培养社会发展所需要的人是古今中外不同社会中教育的共性,但是因为不同的社会需要培养不同的人,因而也就形成了不同的培养理念和方式。就像萨德勒指出的那样:"任何出色的真实有效的教育都是民族生活与特点的写照。它根植于民族的历史中,适合于它的需要。"①

一、中美大学价值观教育基本属性的差异性

国家的社会制度决定了经济和政治,包括价值观教育在内的任何上层建筑现象都可以从中找到根据。中美社会制度的不同决定了大学价值观教育"以人民为中心"与"资本驱动"的基本属性的差异。

(一) 中美大学价值观教育目标存在差异性

中美大学在价值观教育的目标上存在很大的差异性。由于其资本主义性质,美国大学的价值观教育服务和服从于资产阶级个人的自由和成功,即使公民价值观教育是在公共领域达成基本的价值共识,这种价值共识也是为社会个体利益最大化服务。中国的大学价值观教育的本质是意识形态工作,目标是达成社会价值共识,凝聚社会力量,始终在为实现党和国家各个时期的中心任务服务,在宣传马克思列宁主义、教育引导青年方面积累了丰富经验。

在西方的国家治理体系中,市场的存在是必要且强势的,美国的社会运转遵循资本逻辑,社会成员之间是契约关系,社会按照法治、自治、民主的原则运行。美国社会是建立在"经济人"假设的理论预设基础之上的,人与人之间是理性的、纯粹的物质利益关系。那么,自由

---

① Sadler. The Unrest in Secondary Education in Germany and Elsewhere, in Board of Education, Special Reports on Educational Subjects [M]. London: HMSO, 1902: 162.

的个体在追求自身利益的同时如何维持社会的共同利益？这个问题在早期资产阶级开始崛起的时候已经做出了预设的回答，亚当·斯密认为，"市场"这只看不见的手是调节个人与社会之间利益关系的最佳机制，因此美国对市场的发展是不加约束的。但是全部由资本控制的社会制度体系只关照到了"经济人"的个体的、短期的利益，却无视"社会人"的社会互动关系和整体的、长远的利益，无法也无意于达成全社会成员的价值共识。在这样的社会制度之下的大学价值观教育是资本主义性质的，根本目的是维护市场自由和个体利益最大化。

在中国，人民是社会历史的主体，社会主义制度充分尊重人民的主体地位，人民的根本利益是一切价值判断和价值选择的最高标准。现阶段我国也是通过繁荣和发展社会主义市场经济来迈向社会主义现代化目标，但是与美国不同的是，我国的市场经济坚持的是以公有制为主体、共同富裕的社会主义制度属性，坚持的是以人民为中心的发展思想。正是社会主义制度属性抛弃了市场经济天然的利己主义倾向，达成了人民根本利益的一致性，在社会公民的平等交往关系中实现主体精神与社会集体主义价值观的有机统一，广大社会成员联合成利益共同体和行为共同体，我国的社会主义建设和改革成为亿万群众的共同事业。党的十九大报告明确指出："人民是历史的创造者，是决定党和国家前途命运的根本力量。"[1] 因而中国的大学价值观教育是以凝聚全社会成员力量，达成价值共识为目的的，是坚持人民主体地位和发挥人民主体作用的保证，是我国国家制度和国家治理建设的根本价值旨归。

(二) 中美大学价值观教育中国家和政党的作用存在差异性

很早以前美国学者就已经发现了，不同国家的大学价值观教育之间

---

[1] 习近平. 习近平谈治国理政：第3卷 [M]. 北京：外文出版社，2020：16.

的一个重要区别在于国家和政府在价值观教育中所起的作用,"亚洲各国认为,国家应当对价值教育起积极的作用,而西方国家则不然"①。他还说:"亚洲国家在做出决策时,一般不那么受法制和习俗的约束,因此价值教育的计划往往覆盖广泛领域。而西方国家则集中于极有限的价值目标,实施有限的决策。"②

在美国,国家和政党在大学价值观教育中的领导和组织作用非常有限,教育的动力只能来自大学自觉的社会责任感。美国曾长期将价值观教育视为家庭内部和私人领域范围内的事项,主张严格限制国家权力对个体价值观的干涉。他们认为:"在一个自由的土地上,在一个拥有相对弱小的政府的土地上,个人的德行掌握着保护自由、保障秩序、发展繁荣的全部希望。"③ 为什么美国政府在价值观教育中的作用极其有限呢?那是因为美国在承认政府必要作用的同时始终对政府保持戒备与防范之心。正如马克思指出的那样,"由于私有制摆脱了共同体,国家获得了和市民社会并列并且在市民社会之外的独立存在"④,国家与市民社会的分离使得"现代的国家政权不过是管理整个资产阶级的共同事务的委员会罢了"⑤。美国一直以来就有"小政府、强市场、大社会"之说,这就是为什么许多美国人认为应当提高爱国精神、扩大公民义务,但不认为公民意识能够在公立学校或其他机构培养出来。"国家在

---

① 卡明斯,钟启泉. 从课程看道德及宗教教育——价值教育的国际比较(之一)[J]. 全球教育展望,1997(2):5-12.
② 卡明斯,钟启泉. 价值教育的政策——价值教育的国际比较(之三)[J]. 全球教育展望,1997(4):31-35,80.
③ Edward McClellan. Moral Educationin America: Schools and the Shaping of Character from Colonial Times to the Present [M]. New York: Teacher College Press, 1999: 27.
④ 马克思恩格斯选集:第1卷[M]. 北京:人民出版社,2012:212.
⑤ 马克思恩格斯选集:第1卷[M]. 北京:人民出版社,2012:402.

监护并形成国民的道德生活方面，应当约束自己的作用。"① 20世纪70年代中期，在一般课程中指定了应当包含哪些道德价值观的州，不过16个。其余的州不过是以极其一般的形式触及了人格形成这一课题。②美国的政党只是利益集团斗争和博弈的工具，甚至只是选举的工具。不同政党背后代表着不同的资产阶级利益群体，看似不同政党的互相监督和竞争实质上却是大资产阶级内部不同利益群体之间的权力更迭。利益集团可以影响美国的总统选举③，因此并不能将它视为美利坚民族集体公民意志的展现，这也就解释了美国大学的价值观教育对"灌输"特别警觉的原因，因为担心他们"灌输"的只是某个利益集团的价值观。

在中国，国家和政党在大学价值观教育中发挥着重要的领导和主导作用。中国的大学是社会主义大学，"我国社会主义教育就是要培养社会主义建设者和接班人"④。中国特色社会主义最本质的特征和最大优势是中国共产党领导。习近平总书记指出："党政军民学，东西南北中，党是领导一切的，是最高的政治领导力量。"⑤ 党的领导地位不是自封的，是历史和人民选择的，是由党的性质决定的，是由我国宪法明文规定的。习近平总书记在全国教育大会上指出，坚持党对教育事业的全面领导，教育领域要成为坚持党的领导的坚强阵地。党的十八大以来我国教育事业取得的显著成就最根本在于以习近平同志为核心的党中央

---

① 卡明斯，钟启泉. 从课程看道德及宗教教育——价值教育的国际比较（之一）[J]. 全球教育展望，1997（2）：5-12.
② 卡明斯，钟启泉. 钟启泉编译，从课程看道德及宗教教育——价值教育的国际比较（之一）[J]. 全球教育展望，1997（2）：5-12.
③ 弗朗西斯·福山. 衰败的美利坚 [EB/OL]. 观察者网，2014-10-12.
④ 习近平. 在北京大学师生座谈会上的讲话 [N]. 人民日报，2018-5-3（02）.
⑤ 习近平关于青少年和共青团工作论述摘编 [M]. 北京：中央文献出版社，2017：102.

对教育事业的高度重视以及科学决策。① 办好中国特色社会主义大学，高等教育事业应当为新时代中国特色社会主义事业打造人才储备，是对"党管人才"原则的贯彻和执行。党对价值观教育的主导体现在一系列指导性文件当中，比如，《关于培育和践行社会主义核心价值观的意见》论述了培育和践行社会主义核心价值观的重要意义和指导思想，明确了思政课在小中高全程教育的重要性，明确要求各级党委和政府要在把握方向、制定政策、营造环境等方面切实担负起政治责任和领导责任。另外，党的领导人对大学的价值观教育也非常重视，在讲话、批示、座谈、回信中都反复强调并做出指示。在党的文件指导下，各个大学不断创新方式方法、探索有效形式、形成长效机制，使广大师生自觉将社会主义核心价值观内化于心、外化于行。

（三）中美大学价值观教育的组织形式不同

在不同的历史发展过程中，中美大学形成了两种截然不同的高等教育制度，在以下两方面对中美大学的价值观教育的组织形式产生了深刻的影响。

第一，价值观教育方针的制定和执行不同。中国有全国统一的教育方针，由党和政府统一制定，因此上下贯通，执行程度高。社会主义核心价值观"三个倡导"的内容是在党的报告中明确提出的，在全党全社会形成统一指导思想，用社会主义核心价值观引领社会思潮、凝聚社会共识。在社会主义核心价值观教育的实践层面，党和国家专门出台一系列文件指导各高校的价值观教育，设置专门的课程体系，有明确的教学内容和教学大纲，全国统一编写教材，每个大学都有独立的马克思主

---

① 王庭大，唐景莉，常静. 教育领域要成为坚持党的领导的坚强阵地 [J]. 中国高等教育，2019（15/16）：4-6.

义学院承担教学和教育研究工作,有专门的经费保障,还通过学术会议、教学研讨等活动研究如何将社会主义核心价值观融入教育教学全过程。而在美国,大学自治是美国大学一直以来的传统,博克指出:"美国大学突出的特点之一是享有显著的不受政府控制的自由。"[1] 美国大学的经济来源相对独立,联邦政府无权直接参与对教育的领导,教育权力由各州、地方管理,实行教育分权制。即使美国已经在国家层面上肯定了价值观教育的合理性,但是在相对独立的高等教育系统中推行价值观教育、规定价值观教育内容仍然具有较大阻力,明确要求大学和教师传递某些特定价值观也是很危险的,因为在自由主义者看来,在崇尚多元化、自由化的美国,用某种固定的、统一的价值观进行过度的普及教育是思想固化的标志,违反了其自由、民主的政治理念和个人信念,而固化的思维方式不利于培养青年的批判性思维和保持自由的话语空间。

第二,高等教育的培养目标和服务宗旨不同。我国的高等教育是在中国共产党领导下为社会主义国家培养接班人和合格建设者,向学生传递反映社会主义本质属性、服务国家和社会发展的社会主义核心价值观是中国大学价值观教育的主要任务。而反观美国,"自治"和"竞争"是美国大学的突出特点,无论是研究型大学还是社区学院,除政府教育投入外还有民间资本投入,受教育者也是教育服务的购买者,只有获得社会、捐赠者及家长的认可才能保证大学的生源和存续。为了生存,美国的大学教育必须是"实用主义"的,面对日益激烈的生源竞争,美国大学必定会更多关注学生个体的需求,更多去迎合学生的要求。因而,美国大学的价值观强调对"个人"的教育,关注如何把学生教育成一个能够独立思考、具有好的价值观念和道德操守、了解文化差异的

---

[1] 伯顿·克拉克. 高等教育系统——学术组织的跨国研究 [M]. 承绪, 等译. 杭州: 杭州大学出版社, 1994: 233.

健康个体，最终的目的是促进学生个体的成功。

二、中美大学价值观教育功能任务的差异性

一个国家的核心价值观一般具有双重功能，对内能够整合矛盾、形成社会合力，对外能够有效地应对文化冲突、赢得他国支持和组建国际联盟。无论是新中国成立还是当前的社会主义建设时期，中国大学的价值观教育都在不断地发掘核心价值观在国家内部凝聚精神动力的巨大价值。相对而言，美国国内的核心价值观认同已经基本成熟稳定，当前主要以"普世价值"的形式服务于美国资本全球扩张的需要，在国家内部核心价值观的教育更多的是以一种"不证自明"的样态内隐地存在于教育体系当中。

纵观各个时期的价值观教育历程，我们可以发现，中国的大学价值观教育是在争取民族独立、谋求四个现代化的社会主义革命与建设的进程中成长和发展起来的，具有鲜明的政治特征，才能够在资本主义意识形态的包围中始终坚持马克思主义的指导，才能够批判抗击具有暴力扩张特性的西方现代性。我国始终毫不动摇地坚持价值观教育的政治属性，党和国家通过法律、政策、教育方针等指导大学里的价值观教育，为国家治理和政权巩固做出贡献。特别是在改革开放攻坚阶段，任何对价值观教育的放松，结果必然是资本主义意识形态的加强。中国大学的价值观教育的基本功能从一开始就是为巩固团结奋斗的共同思想服务，为集聚建设强大国家的人民力量服务。虽然经过40多年的改革开放我国的综合国力有了很大提升，但是我国仍然处于并将长期处于社会主义初级阶段，这不仅意味着作为经济基础的生产力尚未达到发达的程度，作为上层建筑的社会主义思想体系也没有建设完成，仍需不懈地努力培

育和巩固。"当前中国的价值诉求就是通过社会转型以摆脱不发达状态"①，中国大学的价值观教育深深扎根于社会转型这一实践活动当中，马克思主义在我国意识形态的指导地位虽然已经确立，仍需要加强价值观教育才能确保马克思主义在青年群体思想领域的指导地位，这是一个久久为功的伟大事业。就像习近平同志指出的那样："我们的教育必须把培养社会主义建设者和接班人作为根本任务，培养一代又一代拥护中国共产党领导和我国社会主义制度、立志为中国特色社会主义奋斗终身的有用人才。"②

美国建国以后相继爆发的独立战争、西进运动和南北战争，增强了美国人的自由、民主和个人主义的价值观念。作为发达资本主义国家的美国，无论是资本主义制度体系还是思想体系都已经达到相当完善的程度，"资产阶级意识形态的渊源比社会主义意识形态久远得多，它经过了更加全面的加工，它拥有的传播工具也多得不能相比"③。发达的经济水平为美国公民提供了优越的生活条件，使他们相信是"美国精神"带来的自由和民主才使他们实现了自己的"美国梦"，并且"自由和人权是大多数美国人感到民族自豪感的真正源泉"④。自由、民主、人权的核心价值观已经相当成熟并深入人心，在美国人看来是绝对的"政治正确"。罗伯特·达尔认为："美利坚是一个高度注重意识形态的民族，只是作为个人，他们通常不注意他们的意识形态，因为他们都赞同

---

① 陈新汉. 社会主义核心价值体系——从价值哲学的角度看 [J]. 哲学研究，2007（11）：17-23.
② 习近平在全国教育大会上强调：坚持中国特色社会主义教育发展道路 培养德智体美劳全面发展的社会主义建设者和接班人 [N]. 人民日报，2018-9-11（01）.
③ 列宁全集：第6卷 [M]. 北京：人民出版社，2013：40.
④ 李晓岗. 美国的"爱国主义"与反恐战争 [J]. 太平洋学报，2004（9）：42-55.

同样的意识形态，其一致程度令人吃惊。"① 甚至我们看到美国轮流执政的执政党和在野党也有着共同的价值共识，他们之间热闹地相互攻击也是在互相指责对方违背了这些价值原则，而不是要提出什么别的核心价值。"美国的政治主流一般都在温和的保守派和温和的自由派之间徘徊，以争取最大范围的政治共识。"② 在这样的社会历史背景和国家战略的指导下，大学里进行的资本主义核心价值观教育只需以"隐性"的方式存在于各种人文教育当中，潜移默化地影响国家的青年一代，而其实他们的着眼点更执着于向外，因为没有一个国家像美国那样"一厢情愿地认定美国的价值观是放诸四海皆准的"③。利用"普世价值"为资本扩张开道，实施对外文化侵略才是美国核心价值观的战略意图，《2017年美国国家安全战略》报告中将"增强美国影响力"列为美国四大至关重要的国家利益之一。④

---

① 转引自杰里尔·罗赛蒂. 美国对外政策的政治学 [M]. 北京：世界知识出版社, 1997：354.
② 王缉思. 美国霸权的逻辑 [J]. 美国研究, 2003（3）：7-29, 3.
③ 亨利·基辛格. 大外交 [M]. 海口：海南出版社, 1997：3.
④ 2017年美国国家安全战略报告明确了美国的四大生死攸关的国家利益（有时称核心利益）：保卫国土、美国人民和美国的生活方式；促进美国的繁荣；以实力维护和平；增强美国的影响力 [EB/OL]. 美国白宫网站, 2017-12-18.

第三章　中美大学价值观教育理论基础的差异性

任何"教育"都是对"人"的教育。价值观教育是建构在"人"的基础上的社会实践活动,其具体活动的展开是以人的存在为出发点,通过人的实践来实施,又以人的自由而全面发展为最终归宿。"人"的问题贯穿价值观教育始终。马克思主义人学和自由主义、个人主义、人本主义对"人"的根本性认识不同,于是生成了中美两国大学价值观教育各自不同的教育主张。无论是中国还是美国,与价值观教育相关的理论非常丰富。"无所不备,则无所不寡",想要对相关的每一种理论悉以详述几乎是不可能的,而且即便有这种可能,也只能是一个肤浅的百科全书式的理论概览。因此,本章只选取体系完备,对现有中美大学价值观教育样态有特殊贡献的相关理论加以概述和比较。

第一节　中国大学价值观教育的理论基础

中国大学价值观教育以马克思主义人学为理论基础,以主体间性教育理论、价值认同理论、灌输理论为重要支撑。

一、中国大学价值观教育的哲学依据

"教育在其最高的意义上而言就是哲学。"① 马克思主义人学理论基于对实践的深刻洞见,在个人与社会的辩证关系中真正揭示了人的本质。马克思关于人的社会性本质的论述,回答了中国大学价值观教育"为什么教育""教育什么"及"如何教育"等基本问题,是正确处理价值观教育中个人价值与社会价值关系的理论基础。

(一)人具有实践性

实践是人之为人的最深层的基础,是马克思理解全部人性的"钥匙"。人通过感性的实践活动创造性地改造外部世界,人化自然的同时生成了人自身,实践赋予人独特的实践性特征。实践是一种自由的、自觉的、有意识的对象性活动,它使人与自然界相分离的同时,也使人与动物真正地区分开来,生成了人的"类本质",实践性即人区别于动物的"类"特性。旧哲学把人的本性看作单个人的抽象物,是先验的、永恒不变的,因而是非科学的。马克思将人的全部属性统一于"实践"这个现实基础,认为人的现实本质不是被先验地赋予了的理性"抽象",究其实质,乃是人自身通过实践活动在历史中不断生发、凝结而成的,因而是具体的、历史的、变化着的。人的实践性本质,决定了价值观教育应该扎根于并服务于人的生产生活实际,这是确立科学的价值观教育方法的理论依据。

马克思关于人的实践本质的科学论断为解决价值观"如何教育"的问题提供了理论依据。人身上固有的实践性决定了价值观教育不能停

---

① 施特劳斯.自然权利与历史[M].彭刚,译.北京:生活·读书·新知三联书店,2003:81.

留在静态的认知层面,而要回归到现实生活世界中去,价值引领和自主建构只有在生活实践中才能完成。回归生活世界的教育理念源于胡塞尔的"生活世界"理论。无独有偶,美国教育家杜威认为"教育即生活、教育即生长",我国的教育家陶行知也提出"生活即教育"。这些观点实际上都在强调教育要植根于当下客观的现实生活世界。价值观教育与价值实践须臾不可分离,人只有在实践活动中才能认识和体验价值,人们接受价值观教育的过程就是在生产生活实践活动中选择、认同、内化和生成价值观的过程。价值观的形成不可能靠自上而下的浇注成型,需要与人已有的价值经验形成关联,通过对实践活动进行自觉的反思和凝练来检验和升华价值观。

(二) 人具有社会性

人在以实践的方式改造自然的过程中,彼此之间结成了一定的"社会关系",这种社会关系反过来又规约了人的本质,使人成为"社会存在物"。马克思超越了将个人与社会分立的"实体主义"思维方式,转变为关系性思维方式。他指出:"人的本质不是单个人所固有的抽象物。在其现实性上,它是一切社会关系的总和。"[1] 只有透过对人在实践活动中所结成的社会关系的批判性反思,才能真切地理解人这一历史性存在。个人与社会是一种关系性的存在,两者既互相区别,又互为前提、相互映照。正如马克思所说,"人是最名副其实的政治动物,不仅是一种合群的动物,而且是只有在社会中才能独立的动物。孤立的一个人在社会之外进行生产——这是罕见的事。"[2] 人是在积极实现自己本质的过程中创造并生产了自己的社会联系和社会本质。人只有在共

---

[1] 马克思恩格斯选集:第1卷 [M]. 北京:人民出版社,2012:139.
[2] 马克思恩格斯全集:第46卷(上)[M]. 北京:人民出版社,1979:21.

同体中才能获得自由而全面发展的手段。马克思关于人的社会性本质的论述，是正确处理价值观教育中个人价值与社会价值关系的理论基础。

马克思关于人与社会关系的阐述为我们解决"为什么教育"的问题提供了理论依据，是正确处理价值观教育的国家意识形态功能与促进个人的生存发展之间关系问题的关键。一直以来，关于价值观教育到底是应该为社会发展服务还是应该为个人生存发展服务的争论从未停止，这对本不该存在的矛盾却在价值观教育的发展史上演化出多种样态。传统的价值观教育偏向社会的需要，在政治的要求下实现个人的完善；近年来出现了强调以人为中心的倾向，在个人的发展中谋求意识形态的认同。其实，无论是绝对的社会本位还是绝对的个人本位都割裂了个人与社会的互生关系，在马克思看来，"凡是把理论引向神秘主义的神秘东西，都能在人的实践中以及对这个实践的理解中得到合理的解决"[①]，马克思就是这样在实践之光的投射下超越了抽象的、片面的人性论，看到了人与社会在实践的基础上达到的辩证统一关系。我们要像马克思一样从关系性、生成性的思维方式出发，把价值观教育的价值归属问题放在个人与社会的互动关系中来理解：价值观教育的意识形态功能与实现个人的完善发展之间并不是对立的，而是和谐共生、有机统一的，这个统一的基础就是实践。价值观教育意义就在于促进人在积极实现自己本质和价值的过程中推动社会发展，在社会的进步中获得个人全面发展的手段和自由。

（三）人具有现实性和具体性

马克思主义人学的出发点是"现实的个人"。"全部人类历史的第

---

① 马克思恩格斯选集：第1卷［M］.北京：人民出版社，2012：139-140.

一个前提无疑是有生命的个人的存在。"① 作为历史前提的生命个体"不是某种处在幻想的与世隔绝、离群索居状态的人，而是处在一定条件下进行的、现实的、可以通过经验观察到的发展过程中的人"②，是处于一定的"社会关系"之中的"社会化"的"个体"。身处于社会关系之网中的个体都以其特有的实践方式，开展出别样的生命样态。在人的生命活动开展过程中，个体与个体之间会交织出不同的"纽结"，形成属于每一个人的独特标志，这些各不相同的纽结锁定了一个又一个鲜活饱满的生命个体，定位和定义了每个具体的人。现实生活中的人所具有的多重社会关系把人固定在具体的物质和文化时空当中，由此决定了人的现实性。把人视为"社会关系中的个人"，在消解了对人的抽象化理解的同时，进一步凸显了人的生存所特有的丰富性与具体性。人的现实性决定了人的社会活动只能在社会历史规定的条件下进行。人的现实性和具体性决定了人的价值观也不是孤立的、抽象的。价值观教育能够帮助个体完成社会化过程，帮助他们不断习得、形成社会认可的价值观，认同他所在的社会既有价值标准、生活方式和行为规范，在这一过程中筑塑自身的人格。

马克思关于人的现实性、具体性特征的论述为我们解决价值观教育应该"教育什么"的问题提供了理论确证。马克思说："人们自己创造自己的历史，但是他们并不是随心所欲地创造，并不是在他们自己选定的条件下创造，而是在直接碰到的、既定的、从过去承继下来的条件下创造。"③ 也就是说，人是现实的、具体的人，人的一切自觉自主的活动是受生产力发展水平制约的，必须基于特定的生产关系。因此，价值

---

① 马克思恩格斯选集：第1卷 [M]．北京：人民出版社，2012：146．
② 马克思恩格斯全集：第3卷 [M]．北京：人民出版社，1960：30．
③ 马克思恩格斯选集：第1卷 [M]．北京：人民出版社，2012：669．

观教育内容的规定也应该纳入生产力与生产关系的矛盾运动中，其基本内容只有从社会历史发展的角度，从生产力和生产关系的角度来理解才是科学的、合理的。

核心价值观总是由统治阶级所倡导并由统治力量保证其在社会价值系统中的优势地位，通过引导和影响社会个体的价值取向和价值选择达到社会群体价值观念高度一致，使个体活动从分散趋向统一，从而保证社会价值目标的顺利实现。因而社会的核心价值观相对于它所产生的现实基础来说，总是存在着必然性和合理性。通过价值观教育"教导"人们继承和接受符合其所在的现实社会发展规律的核心价值观，使他们主观的价值观念正确反映既已存在的客观现实，帮助人们获得自己的社会关系方位，融入社会并成为其中的一员，解决个人价值判断和社会需要的价值行为之间的矛盾，帮助人们树立正确的、符合社会发展规律的、可以推动社会进一步发展的价值观念。

（四）人具有主体性与超越性

马克思在认识到社会中的人总是在不断遭遇既成的社会结构（关系）束缚的同时，也发现了人所具有的主体性与超越性，这充分说明了人的这一存在的完整性。人"不是力求停留在某种已经变成的东西上，而是处在变易的绝对运动之中"①。人从来都是按照自己的需求不断追求自己的目的，追求着自己的幸福和自由，他们处处以主体的姿态出现，随着实践水平的进步和实践能力的提升不断占有自己的本质。主体性使人成为世界的主人，成为自身的主人。超越性是人的主体性的最高表现形式，是对现存的物质世界和精神世界的超越。实践的生成性决定了人的生成性，人既是一种现实的、可感的实然存在，又总是通过革

---

① 马克思恩格斯全集：第46卷（上）[M]. 北京：人民出版社，1979：486.

命性的实践活动不断地超越种种的既定性，以实现自我发展和自我确证。在这个意义上，人乃是一种具有超越意识的可能性的存在。人通过持续的批判活动不断地变革现实，进而使潜在的理念在更高层级上被实现，变成现实，从而实现对当下的持续超越，使理想照进现实，让现实不断接近理想。这就决定了价值观教育不能像搬运砖头似的进行文化转移，而应立足于人的主体性、超越性本质，通过价值观引领，帮助其生成内生性价值，以不断促进其自身的自由而全面的发展。

马克思关于人的主体性、超越性特征的论述为我们进一步思考"教育什么"的问题提供了更加广阔的思路。马克思说："已经得到满足的第一个需要本身、满足需要的活动和已经获得的为满足需要用的工具又引起新的需要。"[①] 人不会止步于获得社会既成的价值观念，价值观教育还要促进人们价值理性的生成，使人能够在实践中独立思考，自觉构建，实现人性的提升，开拓和创造更适于发挥人性的新境界，帮助人们更自觉、更有能力地占有自己的本质。价值观是一种实践理性，既源于生活实践，又超越生活实践，具有上层建筑的稳定性、抽象性、前瞻性，与生活世界中人的活动的实时性、多变性和具体性之间存在一定的张力，人活动的自发性、保守性、经验性等特征使其在人们价值观形成过程中具有天然的局限性。这种局限单凭人的活动自身无法克服和解决，必须以具有逻辑理性的价值观教育对实践进行反思和提升。价值观教育就是在历史的流变中，以科学的态度关注价值观形成的过程，把握人的生成性存在，专注于人的价值诉求，启发性地理解人与社会的关系，不断确证人的主体性地位与价值，以人的现实生活境遇为起点，以合逻辑的思辨方法、合规律的教育方式引导人们在价值体验的基础上进

---

① 马克思恩格斯全集：第3卷 [M]．北京：人民出版社，1960：32.

行价值理解、价值认同,进而进行价值批判和价值创造。

二、中国大学价值观教育的相关理论

做好大学价值观教育离不开科学的理论支撑,灌输理论、价值认同理论和主体间性教育理论分别从教育主体、教育客体、教育主客体之间关系角度对价值观教育进行了理论上的论证,共同构成了符合时代要求的价值观教育理论体系。

(一)灌输理论

灌输理论是中国思想政治教育和价值观教育的基本理论。灌输理论是指无产阶级政党坚持把科学社会主义思想灌注和输送到无产阶级和人民群众中去,提高其政治意识和阶级觉悟的学说。[①] 灌输理论作为最直接的理论依据,明确了中国大学价值教育的原则、方法、内容和任务。

"统治阶级的思想在每一时代都是占统治地位的思想。"[②] 马克思这个著名的论断说明了统治阶级为了巩固其统治,维护其根本利益,无一例外地都使自己的思想成为社会上占统治地位的思想,这是阶级国家治国理政的基本原理。"国家作为第一个支配人的意识形态力量出现在我们面前。社会创立一个机关来保护自己的共同利益,免遭内部和外部的侵犯。"[③] 这一"共同利益"即统治阶级的根本利益,应该"体现社会发展方向的利益代表"[④],要成为全体社会成员共同的价值追求和全社会的共同发展目标。用占统治地位的思想去武装人们的头脑,把体现统

[①] 陈万柏,张耀灿. 思想政治教育学原理[M]. 武汉:华中师范大学出版社,2009:32.
[②] 马克思恩格斯选集:第1卷[M]. 北京:人民出版社,2012:178.
[③] 马克思恩格斯全集:第21卷[M]. 北京:人民出版社,1965:347.
[④] 马克思恩格斯选集:第1卷[M]. 北京:人民出版社,1995:157.

治阶级的价值观念转化为全体社会成员的价值共识,指导人们的实践,是实践取得成功的关键和根本保证。以核心价值观和主流意识形态灌输为根本任务的思想政治教育和价值观教育活动就显得尤为必要。

列宁吸收了前人关于"灌输"的相关论述,总结了国际工人运动以及俄国革命的历史经验,对"灌输论"思想做了系统的阐述。他指出,工人阶级本来也不可能有社会民主主义的意识。要使工人阶级具有社会主义意识,只能从外面灌输进去,通过宣传和灌输,使工人阶级系统地而不是零碎地、实际地而不是空洞地掌握马克思列宁主义。同样的,价值观尚在形成中的大学生也很难自发地以一种理论的思维把握现实与未来,只能通过先进理论的灌输。列宁的灌输理论对我国的思想政治工作和价值观教育实践产生了深远的影响。近年来,多元社会思潮,特别是西方人本主义思潮对灌输理论产生了严重的冲击。随着时代主题的变化和社会的变迁,尤其伴随着网络信息技术的飞速发展,去政治化、去意识形态化倾向广泛流行,使马克思主义灌输理论遭遇抵制。但是我们必须承认,依靠鲜明的政治主张和卓有成效的教育工作,中国共产党始终保持着先进性和纯洁性,团结带领全国人民从一个胜利走向另一个胜利。因此,我们说社会主义思想必须灌输的理论、原则在今天非但没有过时,而且对"灌输"提出了更高的要求。[①]

(二) 价值认同理论

现代性的一个突出成就即结束了价值由外在力量"强制"的历史,恢复了价值主体"自律"的本性,价值生成本真地依赖于主体的认

[①] 陈万柏,张耀灿. 思想政治教育学原理 [M]. 武汉:华中师范大学出版社,2009:32.

同。① 价值认同理论就是在这一背景下孕育、发展起来的，旨在解决两个现实问题：一个是中国社会的急剧转型引发了多元价值的冲突，需要确立社会主义核心价值观的主导地位；另一个是中国的迅猛发展加速了主流价值认同分化，急需筑牢社会秩序的价值基石。

  在心理学上，认同指的是建立在某个重要情绪的共同性质之上的，个体对他人或群体在感情上、心理上的趋同过程。② 在社会学上，认同主要是指社会群体的共同意识，即社会成员大多数所抱有的情感和所遵从的价值原则的总和，构成了他们自身明确的生活观，我们可以称之为集体意识或共同意识。③ 价值观教育中的价值认同既是一个心理过程，也是一个社会化的过程，是在坚持尊重包容、平等交流、积极引导、凝聚共识的原则下，通过个体之间的对话、商谈而达到对共同价值的感性和理性的双重确认，是社会成员对其共有的理想、信念、主导价值观的自觉认同。价值认同过程可以划分为"知、情、意、行"等不同阶段，每个阶段有特定的任务和目的。在认知认同阶段达到对正确价值观的全面理解，掌握基础理论，领会所蕴含的文化内涵。在情感认同阶段实现对正确价值观的情感接受，体现为态度的根本转变，表现为对正确价值观的信任和喜欢的情绪和情感，是一种能够引发情感共鸣的价值体验；在意志认同阶段实现对正确价值观的信念融入，将正确价值观上升为理想信念；行为认同是价值认同的最终目的，通过养成行为习惯，将对一定价值的认同在行动上自然地体现出来。在当代中国的语境下，价值认

---

① 李辉，卢屏. 当代社会价值认同的文化逻辑与解放思路 [J]. 贵州社会科学，2013 (11)：9-11.
② 车文博. 弗洛伊德主义原著选辑：上卷 [M]. 沈阳：辽宁人民出版社，1988：337.
③ 埃米尔·涂尔干. 社会分工论 [M]. 渠东，译. 北京：生活·读书·新知三联书店，2000：42.

同教育是指通过教育手段帮助个体形成对社会主义核心价值观的认同，培养具有现代公共价值信念的公民，使"现实的个人"在"共同体"中找到归属感、确定性和安全感。

(三) 主体间性教育理论

主体间性教育理论是以马克思交往理论为支撑、以现代哲学主体间性理论为借鉴、以人的全面发展为价值追求的教育理论。它是对传统教育单一、僵化模式的修正和超越，更是对时代发展要求的积极回应。"主体间性是指主体之间的规定性，是指主体与主体之间的相关性、调节性和统一性，是以个人主体性为基础，两个人或多个人主体间的内在相关性。"[①] 主体间性是一种彼此互动、存在、交往的联系，通过主体之间的"视域交融"，达成主体之间的精神沟通和道德同情。作为方法论，主体间性指的是一种能够达成主客体之间互相理解、相互尊重，解决彼此社会关系的理想方式，内在蕴含着将心比心的沟通理念。主体间性思想政治教育是对主体性理论在思想政治教育领域的扬弃，创造性地表述了教育参与双方在教学活动中的内在关系及相互影响。[②] 主体间性教育理论在实践场域内实现了从结构图式向开放、平等、民主的互动图式转向，其有两个突出特点：一个是教育理念上的"平等性"。主体间性价值观教育的鲜明特征是复数主体的确立与主体关系的开拓，体现着主体间的人格平等与相互尊重。教育者与受教育者之间的关系是一种建基于自由、平等基础上的彼此对话、相互理解和融通，彰显了教育者主体的主导性和受教育者主体的主动性。二是教育方法上的"互动性"。教育的主体和客体在相互信任、彼此尊重的氛围中，通过相互交谈对话

[①] 张耀灿. 思想政治教育学前沿 [M]. 北京：人民出版社，2006：353.
[②] 张耀灿，郑永廷. 现代思想政治教育学 [M]. 北京：人民出版社，2006：62-66.

或善意的论战实现在知识、经验和价值观念等方面的深度沟通。主体之间是沟通互动的关系而非屈从或依赖的关系。

第二节 美国大学价值观教育的理论基础

美国大学价值观教育以个人主义、自由主义和人本主义为哲学基础,在众多的教育流派中,价值澄清理论、理性为本理论、社群主义教育思想对美国大学价值观教育的影响最为直接。

一、美国大学价值观教育的哲学依据

在价值观教育领域,人文主义主张人是最高目的,个人主义主张个人是最终的价值权威,自由主义主张个人权利优先,以上思想都是美国大学价值观教育现实景观深层次的哲学基础。

(一)人是最高目的

人文主义(Humanism)曾用来指称文艺复兴时期一种重要的思想运动,后来被赋予更为多样的含义,肯定人在宇宙中的核心地位,强调一切以人为目的,维护人的自由、价值、尊严等天赋权利。中国哲学界将 Humanism 翻译为"人本主义",当用来指称与科学主义哲学思潮相区别、相并立的哲学思潮时,取的正是这种含义。这样一来,"人本主义"不仅具有伦理道德和社会政治意义,还具有世界观和人生观意义。人本主义的中心命题是:人是最高目的,强调对爱、自主性、创造性、责任心等心理品质的培育,注重对自我表现、自我实现等人格特质的塑造,这一理论对西方现代教育产生了深刻的影响。人本主义心理学的创

始人马斯洛充分肯定人的尊严和价值，积极倡导人的潜能的实现；另一位重要代表人物罗杰斯，强调人的情感、自我表现与主体性接纳。在人本主义者看来，传统的学校教育压抑了人性，难以实现他们所坚持的那种独具一格的教育目的。为此，罗杰斯提出一种新的教育气氛，它有三方面要求：一是真诚（realness），即师生之间以诚相待，敢于表露真实思想和情感，只有这样才能促使学生获得真实的"自我意识"和"他人意识（对他人的理解）"，这样可以避免学生为了实行在教师看来是"正确的"或"好的"事而养成"伪君子"的品性。二是认可（acceptance），即教师给予学生充分的信任和尊重。当然，认可不直接等于赞成或同意，而是尊重和保护学生独特思想的权利。三是移情性理解（empathic understanding），即从学生的角度去理解学生的思想、情感及对客观世界的态度。

"二战"以后，人本主义教育者为了扭转在军备竞赛与综合国力竞争驱使下过度重视科技知识和学生智力的教育境况，提出"关心并尊重个人的需要以及它们之间具有个别差异的权力来抵消这种机械化和非人格的现象"[1]。他们认为理性只能认识现象，要把握事物的本质，只能通过人内心的体验和直觉。受人本主义思想的影响，美国大学的价值观教育强调以人为中心，尊重人的个性和自由，认为价值观是个人对待人和事物的观点和价值判断，反对灌输，认为学校无须也不应该承担灌输价值观教条的责任，要求教师保持价值中立和"价值无涉"，反对教师以一个权威者的身份进行任何含有评价、引导、训诫意味的价值观教育。他们鼓励学生主动选择某种个人认同的价值，以个人的判断作为衡量价值的标尺。这样一来，价值观教育的基本工作就是帮助学生不断提

---

[1] 罗伯特·梅逊. 当代西方教育理论[M]. 陆有铨, 译. 北京：文化教育出版社，1984：355.

升价值判断和价值选择能力。这种价值观教育认为价值观选择不是外部强加的，是个人在其生活经验中通过自我反省、自我探索而实现的。马斯洛所说的"自我实现（self-realization）"以及罗杰斯所说的"自我意识（self-consciousness）"就是美国大学教育的最高目的。

（二）个人是最终的价值权威

个人主义强调个人的自我实现、自我完善以及个人的独特性和唯一性，是美国最深刻的民族特性，是美国资产阶级的核心价值观和意识形态，是西方世界的"第一语言"[1]，教育必然也得"说"这一语言。个人主义强调个人尊严、个人自主性和自我发展，以个人的利益为出发点，按照自我理性的指导选择自己的生活方式并做出独立的价值判断，于是个人成了最终的价值权威。卡尔·波普将个人主义概括为三个命题：第一，一切价值都以人为中心；第二，个人就是目的本身，个人是最高的价值，社会存在仅仅是实现个人目的的手段；第三，所有个人都是平等的，任何人都不可能被当作他人谋求利益的手段。[2] 个人主义者深信，在不侵犯他人自由和利益的情况下，个人对自己的精神、行为拥有最高的自主权，可以自主确立价值目标以及选择达到该目标的手段，实现个人利益最大化。他们尊崇个人尊严，信奉个人的价值神圣不可侵犯，认为任何可能破坏他们独立思考、自行决断，阻碍他们按自己认定的方式生活的东西都是错误的，甚至是亵渎神明的。[3]

肯定个人的价值和尊严是个人主义的核心价值原则。这一原则在教

---

[1] 雷诺兹·诺曼. 美国社会［M］. 北京：生活·读书·新知三联书店，1993：183.
[2] 卢风. 人类的家园——现代文化矛盾的哲学反思［M］. 长沙：湖南大学出版社，1996：7.
[3] 贝拉. 心灵的习性：美国人生活中的个人主义和公共责任［M］. 北京：生活·读书·新知三联书店，1991：214.

育体制中的实施即体现为价值观教育的"无导向性"倾向。"无导向教育"主张价值教育过程以自我发现取代价值引导,鼓励学生忠于自己、专注于自己的欲求,通过自我抉择形成价值观。这样一来,在教育过程中,教师只是作为学生做抉择时的从旁协助者,应回避价值问题,坚持价值无涉。因而,美国的价值观教育致力于帮助学生澄清价值,对澄清后的价值结果则不予置评;致力于在复杂的价值冲突情境中引导学生进行推理,试图发展学生超越社会文化的价值推理能力;致力于训练学生的决策技巧,使他们有能力做出系统化的价值决策。这种教育原则有其可取之处,但其重过程而轻内容的缺陷也是显而易见的。

(三) 个人权利优先

自由主义认为每个人都具有天赋的理性能力和善良意志,人生而平等且具有不可剥夺的自然权利。保证个人自由选择的权利是自由主义的价值旨归。在罗尔斯看来,每个人都拥有一种以正义为基础的不可侵犯性,正义原则在根本上否认了为了实现多数人的利益而牺牲少数人利益的正当性。平等公民权的自由是神圣的、必需的。[①] 社会应该营造一个正义的环境,使得每个个体都能够自由地做出选择,能够充分地实现个人价值,由个体构成的社会的利益和价值便随之得以实现。由此可见,自由主义主张个人权利优先,提倡价值多元、价值中立,强调要保持对公共权力的警惕。

主张个人权利、倡导自主选择的自由主义传统构成了现代西方众多价值观教育理论的逻辑起点和基本原则。[②] 价值澄清模式、价值分析模式、自尊训练模式、理性为本的道德教育模式、逻辑推理模式等派别的

[①] John Rawls. A Theory of Justice [M]. Oxford: Oxford University Press, 1971: 3-4.
[②] 高德胜. 意识形态和社会文化对美国学校德育的塑造 [J]. 比较教育研究, 2003 (5): 38-41.

共同特点都是以鼓励学生自主推理与判断为目标,以正义与尊重他人为核心内容,引导学生互不干涉、独立自主、和平共处,培育学生的平等精神、宽容精神、多元价值观念和多样的生活方式。自由主义者认为必须对公共权力进行合理的限制,这样才能使政府更好地维护公民权利,因此,强势的权利意识培养也是自由主义民主教育的重要特征。另外,基于对个人理性能力的信任,自由主义非常推崇个人理性,因此,美国大学的价值观教育注重个人理性的培养,通过教学、阅读、思考训练学生的独立判断能力。

二、美国大学价值观教育的相关理论

美国价值观教育的相关理论由不同的思想派系提出,各自有各自不同的主张,都不同程度地对美国的价值观教育起到重要的影响,本小节着重分析美国最有代表性、最有影响力的三种教育理论,以管窥其全貌。

(一)价值澄清理论

价值澄清理论(Values Clarification)是对美国价值观教育活动影响最为典型的理论之一,形塑和影响着当代美国大学价值观教育理念。价值澄清理论认为,"价值"源于个人的"经验",个体因其经受不同环境的锤炼会产生不同的经验,进而形成不同的价值观,每个人的价值观亦会随着生活经验的累积而不断变更。价值澄清理论强调理智的人类应该审慎、全面地思考自己的生活,通过"评价"过程和价值澄清过程确立最适宜于自己的价值,检验并指导自己的行动。价值澄清理论主张价值中立的相对主义立场,认为价值观不能,也不应该被传授和灌输给某个人。价值澄清法的优点就在于它关注现实生活,题材大都与儿童、青少年的生活特点相关联。价值澄清过程的三个阶段及其所包含的 7 个标准极具操作性,深受师生欢迎。因此,美国教育学家巴里·查赞(Barry Chazan)教授强调,价值澄清理论是当代价值观教育方法里最为典型的代表。

价值澄清理论最先应用在儿童和青少年的教育当中,后来对大学阶段的价值观教育也产生了较大的影响。价值澄清理论使美国大学的管理者和教师们相信,在当今社会已不可能存在一套公认的道德原则或价值观,价值观也不是灌输得来的,它们需要自由选择。学校和教师的主要任务便是帮助学生通过学会评价分析和批判性思考,在多样而混沌的价值观中澄清并坚守自己的价值观,强调的不是要澄清出什么具体的价值观内容,而是作为一种策略和思维过程对学生进行训练。价值澄清理论给美国大学价值观教育带来的启示是:第一,关注生活。密切关注学生在日常生活中表现出来的价值观倾向和问题,在课堂上教师引导学生对这些现象进行讨论,慎重考虑一定的价值选择可能带来的结果,指导学生进行价值思考和评价。第二,接受现实。教师要不加评论地接受学生的价值观,有意识地避免对学生的价值选择进行评判和说教,更要避免直接给予价值标准。教育学生尊重自己的价值观,也要尊重别人的价值观。第三,启发思考。启发学生就价值问题进行充分思考,对自己持有的价值观形成的原因和过程有理性的认识。第四,自然不刻意。将教育与生活自然融合,教育素材取自学生的日常,尽可能避免学生察觉到这是在进行价值观教育。对于大学价值观教育来说,价值澄清理论最大的启发意义在于其揭示的"理解立场",即受教育者对自己基本价值观及形成过程的理解,以理解为起点建立起对自己价值选择的珍爱,并且有能力修正和调节自己原有的价值理解。

(二) 理性为本理论

理性为本（Rational-building）价值观教育理论是 20 世纪 60 年代后期到 70 年代初期在美国出现的较有影响力的价值观教育理论派别。理性为本理论认为理性和情感在个体价值观形成过程中都起作用，但是理性所起的作用更为重要。理性为本理论超越价值澄清理论的地方在于，它看到了行为因素背后的价值判断和潜藏在判断后面的原则。理性为本理论研究成果是从现实的学校教育中汲取的，从他们的理论中可以归纳出以下对大学价值观教育的启示。

第一，主张道德价值观是学校教学的核心目的。主张教师对任何学科的教学都要"关心道德价值观"，要求教师克服仅仅把道德价值观看作社会学科专业的偏见，也不要认为只要开设一门"公民教育课"承担道德价值观教育，其他课程就可以不关心价值观教育。

第二，肯定了教师在价值观教育中的重要作用。教师对学生的教育影响不能通过强迫灌输来实现，教师应注意在日常教学和其他各种活动中一点一点地对学生产生好的影响。首先，教师自身应给学生始终如一的积极影响，教师不应隐瞒自己的价值观。教师自己坚信的价值观才能对学生产生有效的影响，否则在学生眼中教师就是虚假、伪善、不守誓约的人。其次，对美学价值观和工具价值观也不可强迫灌输。应帮助学生发展他们自己的审美标准。在让学生形成工具价值观时也应以尊重学生为前提，防止出现迫使学生依从某种工具价值观，而学生又不认同该价值观的局面。最后，教师在自己坚持价值观理性的同时，也要帮助学生以理性对待价值观问题。帮助学生接受价值观冲突是不可避免的普遍现象，还要理解价值两难问题通常不能完全被解决，价值观冲突也许永远无法令人们十分满意地解决。

第三，坚持在特定社会背景下进行道德价值观教育。这一学派并不像价值观澄清学派和认知发展学派那样，认为超脱社会现实经验还能寻找出有效的价值观教育途径。相反，理性为本理论认为价值观教育应根植于广泛而真实的社会现实生活。这种理论提出了以"法理学的模式"进行学校道德价值观教育，这种模式是参照社会法律裁决案件的程序来研究道德价值观的形成过程。理性为本理论认为价值观是动态的过程，始终处在动态发展之中，它会因外界的社会条件和人的主观因素而发生变化，因而提醒教育者不要以程式化的态度对待价值观问题。

（三）社群主义教育思想

社群主义是20世纪80年代在批判强调个人权利至上的新自由主义的过程中兴起的一种政治哲学思潮，是个人主义极端发展的产物，是对个人主义不足的弥补。社群主义在个人与社群、善与权利方面同新自由主义有着截然不同的主张，其基本价值诉求体现在两方面：一是主张"社群优先于个人"。社群主义批评新自由主义过度强调个人权利的绝对优先性而忽视了人的集体性和共同性，认为正是每个人生活于其中的社群、传统和社会环境塑造着个体的人格特征和属性。"社群"具有"构成性"，在这个意义上，"自我"应被理解为根植于社群生活中的"嵌入式自我"。二是主张"善优先于权利"。社群主义批判"权利优先于善"的新自由主义主张是错误的，认为权利、正义必须建立在普遍的善的基础之上，强调"善优先于权利""公共利益优先于个人权利"。

社群主义在教育领域的具体运用形成了社群主义教育思想，支持社会的基本价值观教育。社群主义认为，在社群中存在着一种共同的善，这种共同的善在物质层面表现为公共利益，在非物质层面上表现为社会的基本价值观，它们都是每一个社群成员普遍认同的、评价事物和行为好与坏的标准。社群主义主张，社群成员对这种共同的善的追求可以实现社群的和谐与统一。基本价值观是一个社会长期普遍遵循的基本价值标准，具有相对稳定的特点。通过价值观教育可以引导学生对社群的基本价值观产生认同感，避免社群的公共利益沦为个人私利的附庸。社群主义给价值观教育带来的影响主要有三方面，一是以培养公民社区责任感为目的的"服务学习"的兴盛。通过让学生参与社区性服务活动，培养学生的公民责任感。自20世纪90年代以来，服务学习已经渗透到美国社会的各个领域，其积极作用越来越被广泛认同。二是品格教育的复兴。在社群主义者看来，美国处在一种持久道德混乱的失序状态，只有通过培养个体的优秀品格和美德才能实现社会凝聚力的提升。20世纪80年代后期，美国掀起"品格教育"这项国家运动，学校通过强调普遍价值和共同的善使学生养成良好品格，培养社会需要的青年人。这一运动已经成为美国发展最快的教育运动。三是对历史、地理等社会科课程的重视。从社群主义角度来看，美国是一个大的政治社群，其存在要以"共享的美国价值观"为基础，历史、地理等社会科课程为人们学习和理解美国社会制度提供了根本的框架，会增强美国公民对民主政治共同体的认同。

第三节　中美大学价值观教育的理论基础的差异性及原因分析

中国大学价值观教育的哲学依据是马克思主义人学，社会性是人的根本属性，人具有实践性、现实性和主体性，因而价值灌输理论、价值认同理论和主体间性教育理论既强调价值观教育为社会发展服务的导向性又尊重人的主体性。美国大学价值观教育的哲学依据是人本主义、个人主义和自由主义哲学思想，因而价值澄清理论、理性为本理论和社群主义教育思想只强调人的自由和自主，最终走向了价值相对主义。

一、中美大学价值观教育哲学依据的差异性

教育是对人的教育，对"人"的根本性认识的差异使中美大学价值观教育走向了两个完全不同的方向。马克思主义人学视野中的人是从事着实践活动的"现实的人"，美国人本主义、个人主义和自由主义思想中的人是脱离了社会的"抽象的人"。

美国的人本主义认为人是最高目的，强调人的个性尊严，反对理性、反对灌输，但是人本主义没有看到社会性才是人的本质属性，人本主义脱离社会，只见人而不见人与人之间的社会关系。美国的个人主义认为人是最终的价值权威，一切以个人的利益为出发点，按照自我理性的指导选择自己的生活方式并做出独立的价值判断，在价值观教育上主张"无导向教育"。自由主义认为个人权利优先，主张价值多元和价值中立，保持对公共权力的警惕。无论是个人主义还是自由主义都无视人的实践性和现实性。在马克思主义看来，人是社会历史的产物，现实的人在改造世界、创造历史的过程中受客观规律制约，他们创造历史的活动并不是随心所欲的，而是在遵守客观规律的前提下进行的。价值观念和价值尺度不是自然生成的，是人在实践中通过物质生产活动与精神生产活动的互动不断凝练和调整获得的，价值观的确立与人的实践是具体的历史的统一，这种统一在不同的社会历史条件下各有不同的内容和任务。中国大学价值观教育强调使主体的价值观念能够正确反映客观事实，解决价值判断和价值行为之间的矛盾问题。因此，中国大学的价值观教育必基于"经验观察到的"的"一定条件"，帮助人们树立正确

的、符合社会发展规律的、可以推动社会进一步发展的价值观念。价值观教育在这个过程中起了价值传承的重要作用,维持和延续人的社会和文化属性。否定特定价值观念的引导,也就是否认了人处在一定社会关系中的客观性。

从以上分析可以看出,无论是人本主义、个人主义还是自由主义,都是将"人"视作彼此绝缘的"原子",这里面的"人"是一个抽象的概念,是从具体社会生活、历史条件和文化环境中剥离出来的抽象理念。这样一来,美国的价值观教育认为价值观在根本上就是个人关心、反省、选择的结果,是"个人的事情"。在这样的哲学思想的指导下,美国的价值观教育必然是"超脱"于社会生活的,只强调"个人"的完善和发展,没有正确理解现实的人及其生活和实践,把个人从社会中抽离出来,刻意保持个人与社会、与各种具体文化的某种距离,甚至抹杀人的存在及其理性的客观实在性,培养能够超然、客观地对待各种文化的绝对理性的人,陷入了相对主义和非理性主义。就像马克思曾经批评费尔巴哈人本主义的那样:"费尔巴哈从来没有看到真实存在着的、活动的人,而是停留在抽象的'人'上",他没有把感性"看作实践的、人类感性的活动。"① 马克思主义人学则超越了这个层面,是通过对劳动异化的分析,从历史发展和经济根源中找到人类解放的现实道路。

二、中美大学价值观教育相关理论的差异性

中美大学价值观教育理论的主要分歧在于对"灌输"的肯定和否定的态度上,可以说在这个问题上,两个国家的教育理念是"针锋相

---

① 马克思恩格斯选集:第3卷 [M].北京:人民出版社,1972:50-51.

第三章 中美大学价值观教育理论基础的差异性

对"的。在中国,"培育核心价值观离不开持续的灌输,抓好宣传教育始终是一项基础性工作"①。无论是灌输理论还是价值认同理论坚持的都是价值观教育的导向性和意识形态属性。而在美国无论是价值澄清理论还是理性为本理论都是反灌输的,"价值观教育的目的是发展能够帮助学生经过较为理性的思考,做出自己认同的价值选择,并根据它们来行动所必需的能力,而不是论证像政治体制或经典著作中的价值体系的权威性,不意图传授具体的内容,而是教给学生相应的方法"②。

(一) 中美大学价值观教育对"灌输"的基本态度存在差异

从中国大学价值观教育的理论基础来看,灌输理论强调的是从学生生活经验之外灌输科学理论,价值认同教育理论强调的是"知、情、意、行"的结合,其中价值认知是价值认同的基础环节,"知"是"行"的重要前提,教育对象能否接受"知"、信服"知",这是他们能否将"知"转化为"行"的关键。价值观教育的主体间性理论强调在教育者和被教育者地位平等的前提下对相关价值知识、价值原则进行揭示、讨论、思考等活动,在此基础上学生接受正确的价值观。中国的价值观教育理论遵循"以知识教育为依托实现科学价值观教育"的规律,是提高教书育人实践的自觉性、科学性、针对性和有效性的重要途径。③ 中国的价值观教育理论认为,虽然价值观教育是一种教育,但它是具有特殊缘起、特定内容和特别地位的教育,其本质显然不能完全等同于教育的本质,带有明确的方向性和指示性。"灌输"一直是指导我

---

① 刘云山. 着力培育和践行社会主义核心价值观 [J]. 求是, 2014 (2): 3-6.
② 李太平. 20 世纪西方道德教育的特点及其思想根源 [J]. 比较教育研究, 2003 (9): 1-5.
③ 吴倬. 论"以知识教育为依托实现科学价值观教育"的德育规律 [J]. 教学与研究, 2002 (9): 64-68.

国思想政治教育、思想政治工作和宣传工作的教育原则，曾经在很长一段时间发挥过重要作用。虽然改革开放以来关于灌输的争论一直持续，但是灌输仍是中国大学价值观教育的底色，始终没有离开这个中轴线：经济基础决定上层建筑，在人民群众范围内只能生成与其经济基础相适应的意识形态，这二者之间是同步的、相适应的关系。而更高级的意识形态只能在小范围内生成，无法自发地被人民群众所掌握，因此外在的"灌输"和引导是必要的。具体到价值观教育，就是要在人类基本价值认同的基础上增进人民群众对马克思主义意识形态和核心价值观的认同，其理论基础是马克思主义群众史观与"灌输论"的融合。在中国的大学价值观教育过程中先由教师向学生讲授价值观知识、价值规范，帮助学生逐步建立自身的道德价值体系，然后在学生主观能动作用下将社会所期望的主流价值观同化、内化到学生的知识结构和品行结构之中，再经过情感激发、实践固化，形成自我克制和自觉维护社会核心价值观和主流道德价值规范的行为，从而达到内化于心、外化于行的教育效果。中国大学的价值观教育正是一条从外界灌输理念到内化价值理性，进而实现于行动的过程。在这一过程中，引导学生学习完整的价值观知识体系、明确认知对个人和社会发展有利的价值原则，对个体形成美好、正确的价值观起着非常重要的作用。

美国流派众多的教育理论各自有各自的一套原理和主张，但是在反对"灌输"这件事上意见却达成了空前的统一。美国大学的价值观教育的诸多理论似乎都在论证一种可以被所有不同社会意识形态背景接受的纯形式的、纯工具性的价值观教育模式，它们很少对价值观教育内容体系真正进行研究，大多数都是在研究如何帮助学生形成自己的价值观，而对形成"什么样"的价值观闭口不谈。无论是价值澄清理论还是理性为本理论，都认为价值观是个体和群体自由选择的结果，是个人

<<< 第三章 中美大学价值观教育理论基础的差异性

关心、反省、选择的结果,而不是外部力量教授的结果。它们都反对直接劝导或慢慢教授价值观,都认为价值观知识的教授不仅不能促进,反而会限制受教育者的智慧和价值观的发展。他们认为,价值从根本上是"个人的事情",对"教"抱有高度的警惕。在美国教育史上反对灌输其实是一种传统,在美国教育者看来,"说它不是一种教授道德的方法,是因为真正的道德包括对那些可能处于冲突中的价值做出审慎的决定;说它不是一种道德的教学方法,是因为合乎道德的教学意味着尊重学生正发展着的推理能力和对他们所学内容的评价能力"①。基于对美国自由精神的强调和对抽象说教的反对,重视学生价值判断和选择能力的发展,通过培养这种辨别能力来"澄清"个人所要秉持的价值观,但是并不期待学生掌握或执行特定价值规范。大多数课程的设置、教材编写和教学都采取一种"价值中立"的所谓科学的立场,侧重于为学生提供更广阔的价值视野和培养学生的价值理性能力。② 但单纯反对灌输也导致了价值虚无主义,部分学生会通过思考进而得出确定的结论,但是相对来说也存在一部分青年学生产生迷茫,无法形成稳定的价值判断,陷入"两难"的泥沼中无法自拔。对这部分学生来说,美国大学中所传授的内容无法适应社会生活,无法对实际生活给予引导。

(二) 中美大学价值观教育对"灌输"内涵的理解存在差异

在中国,灌输理论成立的基础是马克思主义理论对实践的超越性。列宁在领导俄国革命的过程中,针对经济派崇拜自发性、反对向工人灌输社会主义意识的必要性时指出,工人本来也不可能有社会民主主义的意识。这种意识只能从外面灌输进去。这里,强调从"外面"灌输,

---

① 戚万学. 冲突与整合 [M]. 济南: 山东教育出版社, 1995: 24.
② 杨柳新. 大学的价值观教育与文化认同 [J]. 北京大学教育评论, 2008 (10): 107-124.

并不是说要从工人的"头脑外面"生灌硬输,而是说要超越工人社会分工的局限性和工人自身认识条件的狭隘性,把社会主义思想意识"从经济斗争外面,从工人同厂主的关系范围外面灌输给工人"①。这实际上说的是理论对实践的超越性,理论既来自实践,更要超越实践,才能指导实践。"'自发的成分'实质上正是自觉性的萌芽状态"②。工人阶级自诞生之日开始就天然地与社会主义革命联系在一起,但是资产阶级依然占据了统治地位,这意味着资产阶级能够掌握更优质的资源,其中包括生存环境、物质条件、教育资源,等等,只要资产阶级还在社会中占据统治地位,就不会允许工人阶级接受更高等的教育。一旦阶层力量发生变化,就会引起社会阶级的变化。同样的道理,青年人虽然有"自发"追求正确价值观的天然倾向,但是仅凭其自发性是无法达到对正确价值观自觉认同和践行的。由于其自身的年龄和生活阅历的限制,他们很难自发产生对社会核心价值观的认同,最为有效的方法就是超越他们"自身认识条件的狭隘性"灌输给他们,使社会核心价值观"入耳、入脑、入心"。当然,在这个过程中,中国大学较之过去,在鼓励学生思考和自主构建方面已经有了很大改观,遵循"思想政治工作规律、教书育人规律、学生成长规律",过程中如果出现学生的价值观念与学校所期望的价值观念相互冲突的情况时,也会耐心地设计一套有效的教育策略,包括组织学生辩论、讨论等来达到预期的教育目的。

在美国,"灌输"的概念通常与"强制""强权"联系在一起,这在一个宣称民主的社会是不可接受的。美国价值观教育从理论上回避灌输具体的价值观内容实在是一种无奈的选择。美国社会政治多元化、党派多元化、信仰多元化,体现在价值观教育上就不可能推行某一党派,

---

① 列宁选集:第1卷 [M]. 北京:人民出版社,1995:236.
② 列宁选集:第1卷 [M]. 北京:人民出版社,1995:217.

某一政治势力，某一种族、团体或个人的价值观准则。因此，价值观教育只能在纯人性的、纯人际关系的基础上开展才能超越政治、党派、宗教势力而有自己的活动对象和活动空间。特别是第二次世界大战以后，相对主义哲学一度在西方社会普遍受到欢迎，极端个人主义价值观泛滥，所谓自由、人权、个人选择在人们的心目中根深蒂固，在这种社会背景下任何教育理论家都不可能提出一套使所有人都认同并接受的价值观教育内容体系。他们在理论研究中涉及的一些教育内容一般都属中性的，作为人类社会的成员应恪守的一些基本价值原则，例如，诚实、守信、尊重、责任、公平等，力图在不触动多元化价值观标准相互冲突的现状下进行研究。在这种进退维谷的夹缝中间，各派代表人物必然将研究重点投入价值观教育的方法上面。

（三）中美大学对"灌输"的不同态度的原因还在于其理论的彻底性不同

中国大学有信心坚持价值灌输的前提是社会主义核心价值观本身是科学的。"理论一经掌握群众，也会变成物质力量。理论只要说服人，就能掌握群众；而理论只要彻底，就能说服人。所谓彻底，就是抓住事物的根本。但人的根本就是人本身。"[①] 唯物主义史观认为，经济基础决定上层建筑，资本主义与社会主义在生产资料所有制形式上的根本区别决定了它们在国家权力分配、权利归属以及运转方式上的差异，进而规定了国家核心价值观性质的不同。我国本质特征是人民当家做主，作为中国共产党领导下的、人民民主专政的社会主义国家，同资本主义国家相比，中国特色社会主义道路的优越性体现为其对人民主体地位的尊重与保障，将人民的选择、人民的判断、人民的追求置于首位。将人民

---

① 马克思恩格斯选集：第1卷 [M]. 北京：人民出版社，1995：9.

的利益与国家的事业和前进方向紧密地联系在一起，社会为个人的发展提供充足的条件。"只有在集体中，个人才能获得全面发展其才能的手段，也就是说，只有在集体中才可能有个人自由。"① 显然，只有在社会主义社会中，个人不被利用于实现他人的目的，个人的理性才能得到真实的尊重。社会主义核心价值观的凝练、培育和践行，是人民的选择，是真理的指引，是历史发展的必然，是在长期的社会主义建设实践过程中积淀而成的一套指导和改造青年的思想行为、动员青年投身国家建设的教育活动，反映了时代发展的基本诉求，满足了中国革命建设的需要，具有明显的实践性与经验性。中国大学坚持的价值灌输就是"以理服人"，就是对正确价值观赖以确立的相关真理进行揭示、阐发和教育，通过真理的、科学的和逻辑的力量影响受教育者，使他们自觉地接受正确价值观。当然，这个过程中要注意把握尺度，任何企图以权威说教压服的做法反而适得其反。

反观美国，资产阶级的利益是国家发展的目的所在，资产阶级为国家发展和利益分配制定规则。资产阶级"为了达到自己的目的而不得不把自己的利益说成社会全体成员的共同利益，抽象地讲，就是赋予自己的思想以普遍性的形式，把它们描绘成唯一合理的、有普遍意义的思想"②。虽然美国自认为自由民主平等的核心价值观是科学的、先进的，甚至是"普世"的，但种种社会现实仍然证实了美国的核心价值观具有明显的虚伪性，是虚假的意识形态。比如，美国实行多党制、竞争性选举来标榜民主，但美国国家的民主与我国的民主有着本质上的不同，美国国家的发展规划并不能反映出民众的利益诉求。资产阶级通过选区划设、参选人资产公证等程序性进行特殊设计，使民主选举并不民主，

---

① 马克思恩格斯全集：第3卷 [M]. 北京：人民出版社，1960：84.
② 马克思恩格斯全集：第3卷 [M]. 北京：人民出版社，1960：54.

而是受到选区、个人资产、种族等各种因素影响的伪民主。因此，为了减轻政治系统的压力，美国大学只能通过资产阶级意识形态统治的匿名化，在形式上保持自由民主。

第四章 中美大学价值观教育内容的差异性

价值观教育的内容是由价值观教育的目的决定的。中国大学的价值观教育目的是引导学生认同并践行能够推动社会发展和促进个人全面发展的价值观；美国大学的价值观教育目的是培养学生澄清个人价值观的能力和增强其公民意识。价值观教育目的的不同，决定了价值观教育内容各有不同的侧重。

第一节 价值观教育内容的结构

价值观教育内容是一种结构性存在，研究教育内容首先要研究教育内容的结构。价值观作为一个整体性概念，其内部各范畴按照一定的逻辑结成一个有机的整体，特定的价值观念只有将其投射到整个价值系统中才能得到完整的理解和把握。[1]

霍尔斯泰德和泰勒认为，自由、精神、道德、环境、民主、艺术、

---

[1] 于铭松. 价值观层次性浅析 [J]. 中央社会主义学院学报，2012 (8)：79-83.

第四章 中美大学价值观教育内容的差异性

健康等是价值观教育的基础。① 吴新颖将价值观教育内容分为基础型价值观构建和理想型价值观构建,认为群己关系(为我又为他)、义利关系(爱财须守道)、理欲关系(世俗不庸俗)、身心关系(贵生且乐生)是价值观教育的基础内容,实现自我价值(为他人而活)、追求终极关怀(心求敬畏崇高)、报效祖国人民(勇于创新竞争)、修炼天地境界(热爱人类与大自然)是价值观教育的理想内容。② 石海兵认为,青年价值观教育内容结构体系由基础性内容、主导性内容和辅助性内容组成,其中基础性内容包括尊重、责任等,主导性内容包括马克思主义信仰、理想信念、民族精神等,辅助性内容包括能力教育和情感教育等。③ 受以上研究成果启发,本部分将大学价值观教育内容分为教导性内容和发展性内容,教导性内容里又依据性质的不同分为核心内容和基本内容。

价值观教育的教导性内容是指那些以传播某些特定的价值观为目标的教育内容,它要解决的问题是"一个国家、民族甚至家庭如何把自身所崇尚的价值观念传递给下一代"。从社会文化发展的角度来看,教导性内容是国家和社会文化传承与发展的需要。文化的核心在于价值观,在社会观念系统中,通过价值观的代际传递方式进行社会文化的传承过程中,有目的、有计划、有组织、有针对性地进行价值观教育起着非常重要的作用。现代大学教育在科学研究、知识传递之外,还承载着政治社会化、道德教化和文化认同的功能,这是一个促进青年学生达成

---

① Halstead J M. Liberal Values and Liberal Education [C] // Halstead J M, Taylor M J, eds. Values in Education and Education in Values. Lewes: Falmer Press, 1996: 77.
② 吴新颖. 当代青年价值观的构建 [M]. 长沙:湖南人民出版社, 2008: 283.
③ 石海兵. 论青年价值观教育内容的结构体系 [J]. 思想理论教育, 2007 (12): 14-20.

特定社会价值观共识和形成个人内在品性的过程。从这个意义上说，大学的价值观教育很大程度上是"教导性"的价值传播和价值引导教育，其内容主要包括公民教育、道德教育以及多元文化教育等基本的政治、伦理、文化价值观。

"作为文化之核心和文化之最深层次的价值观，其体系构成包括一般价值观和核心价值观，核心价值观是价值观念系统中居于'内核'、起主导和支配作用的价值观，它决定着文化的性质和方向。"[①] 在价值观教育的教导性内容中，核心价值观是根本。核心价值观能够反映出社会制度的本质，是从社会价值体系中凝练出的根本性、一般性规则，是衡量和统摄诸多价值观念和价值规范的尺度。核心价值观支撑和影响着人们的价值判断，是一个民族、国家最内在、最持久的精神要素，是一个国家和民众赖以存在和发展的精神支柱，引领和整合其他处于从属地位的价值观。价值观作为意识形态的一种表现方式，同样受到统治阶级的重视。每个国家都高度重视核心价值观建设，这不仅关系到统治阶级的利益，还关系到国家的长治久安、繁荣昌盛。价值观教育的核心内容有三项基本功能：一是意识形态功能，捍卫价值共识，抵御异质价值观渗透，牢固坚守自己国家的意识形态的正确方向；二是导向功能，即为大学生的价值选择指明方向，引导大学生的行为活动与国家要求和社会前进方向保持基本一致；三是凝聚功能，即凝聚和召唤国家和民族的精神力量，以延续国家和民族的生存和发展。

价值观教育的基本内容是与生活、道德、文化等相关的教育内容。基本价值观是人们在长久的社会交往中形成的"约定俗成"的行为模式和价值规范。它集中体现为社会"纲常"，也就是埋藏在我们意识深

[①] 王葎，梁玲玲. 社会主义核心价值观：话语机制与实践逻辑 [J]. 中国特色社会主义研究，2020（3）：57-62.

处的"社会行为准则"①。这种"社会行为准则"是保证社会正常运行的基本准则,是人之为人的道德底线,被一个社会大多数成员认同、信奉,维系人和人之间的和谐关系,深刻影响着社会成员日常生活实践。基础性内容有两方面含义:一是指这些教育内容是最起码的、进行价值观教育时必须涉及的,也是大学生都应该具备的;二是指这些内容作为基石,构筑了更高层次价值观,因此对于价值观教育来说,基本价值观起了奠基的作用,是更高层次价值观的缓步阶梯。对于中美两国而言,价值观教育从内涵到形式各有不同,中国高等教育中的社会主义核心价值观教育本质上侧重于对制度伦理的肯定,而在美国语境下的价值观教育内涵上是公民教育与道德教育的结合,本质上更侧重表达生活规范。虽然两国的价值观教育上存在着差别,但也存在着一定的联系。张永奇指出了核心价值观与公民教育之间的联系,他认为:核心价值观需要渗透和融入公民普通的生活中去,通过公民道德生活价值观来表现和巩固核心价值观。②

大学的价值观教育具有阶段性的特征,帮助学生形成可持续发展的价值观理解力、感受力、辨别力和行动力就显得尤为必要。价值观教育的发展性内容是指那些能够帮助学生在广阔的社会生活中理解各种价值观,并能够进行正确的价值判断、价值推理和价值决策而进行的教育内容,帮助和支持价值主体进行正确的价值选择和价值行为,从而为个体的实践活动提供正确的方向指引和持久的精神动力。

---

① 于铭松. 价值观层次性浅析 [J]. 中央社会主义学院学报, 2012 (8): 79-83.
② 张永奇. 社会主义核心价值观与公民道德生活价值观的同异之辩 [J]. 前沿, 2013 (1): 63-65.

第二节　中美大学价值观教育的核心内容

核心价值是国家意识形态的价值浓缩，中美大学的价值观教育内容各有不同，对于中国而言，将社会主义核心价值观作为主要内容，而美国则是将公民政治价值观作为大学价值观教育的主要内容。通过向学生传递核心价值观来保持国家和社会的统一性。大学价值观教育的核心内容服务于国家意识形态，不仅有助于形成国家内部强大的凝聚力，更是国家"软实力"的彰显，无论是中国的大学还是美国的大学从来都没有松懈过。

一、中国大学的社会主义核心价值观教育

"社会主义核心价值观"的概念首次在党的十八大报告中提出："倡导富强、民主、文明、和谐，倡导自由、平等、公正、法治，倡导爱国、敬业、诚信、友善，积极培育社会主义核心价值观。"[①] 纵向上看，社会主义核心价值观从宏观到微观，从社会整体到社会个体，涵盖了国家、社会、公民三重向度，从内容上体现了我国社会的整体追求，为全体社会成员树立了性质、目标和精神上的典范。在党的领导下，以马克思主义为方法论指导，立足于我国的国情，在新时代的语境下对中国特色社会主义国家建设、社会发展、公民教育进行总体布局和战略谋划。从社会组织结构上，分解为国家、社会、公民三个层次，为三个不同层次的社会构成部分提出统一的目标，有利于在全社会范围内形成合

---

① 中国共产党第十八次全国代表大会文件汇编[M]. 北京：人民出版社，2012：29.

力,加速实现中华民族伟大复兴的目标。我国的社会主义核心价值观,具有强大的生命力和深厚的理论基础,根植于中国特色社会主义社会,与国家的命运和民族的未来紧密相连,植入了中华民族的骨血之中,是中国特色社会主义的经济基础和政治制度在价值观念层面的表现和反映,是中国特色社会主义系统结构中一个不可或缺的要件。

(一) 国家层面的核心价值观:"富强、民主、文明、和谐"

国家层面的核心价值观既是一百多年以来中国人民的价值愿望,也是在当前国家复杂的时空境遇做出的审慎选择。第一,"富强"即对中国特色社会主义发展的物质基础提出了要求。社会主义并不等于贫穷,我国要在坚持社会主义制度的同时发展经济,在坚实的物质基础上促进社会多方面的繁荣发展,进而在国家整体运转中形成良性循环。由于当前国情是我国正处于并将长期处于社会主义初级阶段,必须依靠发展社会生产力,繁荣经济来解决。大学生是"国家未来的建设者和可靠接班人",他们将会奋斗在政治、文化、军事、教育、科技等各个行业和领域,是国家未来的中坚力量,教育他们树立正确的富强观,才能创造和积累物质财富,提升国家物质文明程度,达到民富国强。第二,"民主"是我国社会主义政治文明的内核,要保证人民当家做主,在中国共产党的领导下实现的民主才具有事实上的效力,共产党始终坚持以人民为中心,代表最广大人民群众的利益。民主价值观教育包括民主人格培育、民主能力培养和基本理论教育。民主能力包括协商能力、理性能力、表达能力,是公民参与政治和社会治理的践行能力。民主人格是一定民主政治关系在公民个体层面体现出的精神特征及与个体精神一致的外在政治行为的统一体,也塑造影响着民主政治关系,主要表现在自由精神、平等精神以及法治精神等方面。第三,"文明"是我国社会主义精神文明建设的价值目标指向。现代化的核心是人的现代化,通过文明观培育社会主义"四有"新人,把大学生培养成具有高度文明素质的一代新人。第四,"和谐"是现阶段我国经济社会发展的迫切任务。我国在取得经济建设的巨大成就的同时也造成了人与自然、人与社会关系的双重"紧张",即由于社会利益格局重调过程中贫富差距的加大和由粗放型发展方式导致的环境危机。通过和谐观的教育,帮助大学生树立起转变经济发展方式和促进社会共同富裕的观念。

(二) 社会层面的核心价值观:"自由、平等、公正、法治"

"自由、平等、公正、法治"是社会主义核心价值观在社会层面的系统性价值目标,是维持社会秩序、调整社会关系以及建立和谐社会的重要精神力量。我国有着两千多年封建专制史和一百多年半殖民地半封建近代史,要真正实现"自由、平等、公正、法治"的价值目标,既是艰巨的也是迫切的。大学价值观教育着重培养学生社会主义自由观、权责观、正义观、法治观等现代文明观念。第一,"自由"是人类自萌发自我意识以来不懈的追求和永恒的话题,人通过感性的实践活动使自身超越必然达到自由。马克思主义唯物史观认为,人类社会发展的历史就是人类不断争取自由的历史。大学自由观教育就是培养学生理性,完善人格,使他们学会自我思考,追求理性、道德和精神自由。同时,也要帮助学生意识到自由与自律是统一的,人的一切自由行为都必须在社会规则的约束下进行。第二,"平等"是衡量社会进步的重要标志,也是促进社会进步的重要动力。在不同的历史发展阶段中,不同的阶级都提倡平等,然而平等在现实层面的实现却能够最真实地反映出国家制度的民主程度。马克思认为:"一切人,或至少是一个国家的一切公民,或一个社会的一切成员，都应当有平等的政治地位和社会地位。"① 在全社会范围内，作为组成社会的个体都能够实现真正的、全方位的平等，政治平等、经济平等和社会地位平等是非常重要的属性。第三，"公正"即社会公平和正义，包含公民参与经济、政治和社会其他生活全过程——机会公平、过程公平和结果分配公平。公正是理性社会制度设计的基本准则，以人的解放、人的自由平等权利的获得为前提，是中国共产党坚持立党为公、执政为民的必然要求。大学公正观教育引导学生懂得遵守社会标准和正当秩序，合理地待人处世，追求权利公正、机会公正和规则公正，保证社会良性运行。第四，"法治"是一种政治价值，强调的是遵纪守法的精神，是对权利、自由、平等的保障和对权力的限制。实现"法治"对走过漫长封建社会的中国来说是一种迫切的需求，是走向理性秩序的价值指引。中国大学的法治观教育就是帮助学生形成法治思维、树立法治观念，学会用法治的方式处理问题。

（三）个人层面的核心价值观："爱国、敬业、诚信、友善"

公民是社会构成的最小单元，个人的道德行为能够受到社会环境的同化，而扩大化的个人行为也能够成为社会中不可忽视的力量，因此我国的社会主义核心价值观围绕公民的社会活动过程，从社会公德、职业道德、家庭美德、个人品德四方面，对公民的个人行为规范提出要求。着重培养大学生的仁爱情怀、奉献精神、诚信理念、荣辱观念，升华其思想品格与道德情操，使向善至美的人文理想转化为人的内在价值追求。第一，"爱国"是教育学生爱社会主义的当代中国。爱国主义是作为中华儿女对祖国发自内心的深厚且高尚的情感，是民族精神的精华所在，是每一个中国人的"必修课"，是凝聚各族人民和海内外中华儿女

---

① 马克思恩格斯选集：第3卷 [M]．北京：人民出版社，1995：444．

的强力纽带，爱国主义的价值导向在于跳出不同群体的既定限制，体现了以国家和民族为本位的核心。我国当前推进中国特色社会主义建设，目标是实现中华民族伟大复兴，青年人肩负着祖国的未来，大学的爱国主义教育既要为此提供精神动力，又要使学生的爱国精神转化为实际行动。第二，"敬业"是引导学生把自我实现和国家发展相结合。爱国不只是一种精神情感，它必须落实为爱岗敬业的实际行动，转化为实现社会价值的敬业态度。大学敬业观教育以职业道德为主要内容，教育引导学生精益求精，爱岗敬业，为社会奉献出高质量的产品和服务。第三，"诚信"是建立在共同利益中的诚实守信。对个人而言，诚信是立人之本，是大学价值观教育不可或缺的重要组成部分，对于社会和国家而言，诚信更是维持社会稳定、形成社会良好风尚的基石。敬业、爱国、诚信三者具有一致的价值取向，在大学的诚信观教育中，要建立"责任、自律、审美"的充满信任的教育环境，把价值提升、行为养成和标准构建作为诚信教育的重点，了解诚信道德义理，认知诚信道德规范，感受诚信榜样力量，从而在青年的意识中扎根。第四，"友善"是指在社会主义社会中人民大众之间的友爱、善良。通过友善观教育，帮助大学生友好相处、善意相待，正确处理与其他社会群体的交往关系。这里包含四层内容：一是涵养德行，修身立世；二是与人为善、人际和睦；三是奉献爱心，温暖大家；四是努力营造美丽环境，和大自然和睦相处。

我国的社会主义核心价值观从国家、社会、公民三个层次对价值观做出了顶层设计，因此在我国的价值观教育过程中同样遵循了这种理念，将三者视为有机的整体，这三个层面的价值观教育彼此关联并内在互动。

二、美国大学的公民政治价值观教育

美国公民教育具有政治教育的性质,是为政治教育服务的"价值教育"①,主要是通过对"知识、技能、态度与价值观"的教育来实现。值得注意的一点是,在态度与价值观教育中,对特定价值观的教授被加以肯定。② 对意识形态宣传极为敏感的美国人来说,任何传递特定价值观的努力其意义都是非凡的。美国社会学家托克维尔说:"一个没有共同信仰的社会,就根本无法存在。因为没有共同的思想,就不会有共同的行动,这时虽然有人存在,但构不成社会。因此,为了使社会成立,尤其是为了使社会欣欣向荣,就必须用某种主要的思想把全体公民的精神集中起来。"③ 另一位社会学家帕森斯同样认为建立统一的规范体系是维护稳定社会秩序的重要因素,他指出"秩序是指与规范体系所追求的目标一致的过程"④,对于社会而言,只有社会内部能够形成相对稳定的价值观,才能形成稳定的社会秩序。美国并不是严格意义上的民族国家,只是一个政治实体,无法依靠传承某种传统道德价值观把不同的民族和个体糅合在一起,只能靠意识形态和政治治理使民众遵从国家的政治理念来达到国家的统一性,通过公民价值观来调和统一性和多样性之间的关系。"如果我们的国家想继续生存下去,我们必须学会在宪

---

① 高峰. 西方国家核心价值观培育路径及启示 [J]. 社会主义核心价值观研究,2016 (6):62-70.
② Joseph O. Curriculum Standards for Social Studies: Expectations of Excellence (Washington, D. C.: National Council for the Social Studies, 1994) [J]. OAH Magazine of History (3):53-54.
③ 托克维尔. 论美国的民主 [M]. 北京:商务印书馆,1987:524.
④ Parsons T. The structure of social action [M]. New York: The Free Press, 1937:92.

法和相应的公民机构所规定的框架内共同生活和工作。"① 因此，美国大学的价值观教育的核心任务就是传播美国的政治理念和民主价值观，培养具有良好国家意识的公民。"如果建国之初的美国信条为学生所内化，那么，这些信条就会把各种不同背景的人们统一起来，对美国信条的强烈信念为弥合美国社会中民主理想与现实状况的巨大鸿沟提供了最好的希望。"② 美国的教育者也同样认识到了公民价值观教育的重要性，哈佛大学校长博克在《大学与美国前途》一书中收录的《道德教育的消亡和再生》和《当代道德课程探索》两篇文章都表达了通过对大学生进行价值观教育来整合社会力量的期望。他认为关注社会成员的责任心和共同价值观，"不仅对家庭而且对整个社会来说都是头等重要的大事"。③ 针对这种现状，博克提出，高等学校的主要任务之一，就是培养学生的责任心和共同的价值观，而且高等学校也有这方面的条件，因为"美国人口中，几乎有一半人包括公务员、商人、公众领袖、职员都要进入美国的大学或专业学院学习……大学对其生活起着决定性的影响"④。

尽管美国政府没有明确地阐释过其核心价值观，但是结合《独立宣言》《人权法案》、美国宪法等相关文件以及美国学者的相关研究，都表明了以个人主义为基础的自由、平等、民主、正义、法治在美国价

---

① Nord, Warren A. Religion and American Education：Rethinking a national dilemma [M]. New York：The University of North Press，1995：228.
② Titus, Dale. Balancing Unity and Diversity：A Pedagogy of the American Creed. Paper presented at the Annual Meeting of the American Association of Colleges for Teacher Education, pjoenix, AZ, February 26-March 1, 1997.
③ Derek Bok. Universities and the future of America [M]. Durham. NC：Duke University Press，1990：67.
④ Derek Bok. Universities and the future of America [M]. Durham. NC：Duke University Press，1990：71.

值观中的核心地位。普林斯顿大学的玛丽·斯劳特（Anne Marie Slaughter）在《美国观》中使用了核心价值观（core values）的概念，她在书中指出，两个多世纪以来，自由、民主、平等、正义作为美国的核心价值观已经被铭记。① 玛丽·斯劳特在《这才是美国》一书中再次阐述了美国立国的基本原则：自由、民主、平等、正义、宽容、谦卑和信仰。亨廷顿认为，"美国信念"的原则是自由、平等、民主、民权、无歧视和法治。② 法朗士·摩尔·拉佩在《重新发现美国价值观》中认为，自由、民主、公平无疑是美国人共有的价值观，它使我们在丰富的文化多样性中产生国家认同。③ 安德鲁·寇哈特和布鲁斯·斯托克也认为，美国价值观的一个根本特点是个人主义。与其他国家的人不同，美国人认为个人而不是社会，决定一个人是否能成功。④ 中国学者认为美国的核心价值观包括个人主义、爱国主义以及"同情心、勇气、善良、公平、诚实、仁慈、忠诚、坚韧、责任和尊重他人"⑤。综合以上，本研究主要对民主、自由、平等、正义、法治的内涵进行简要解读。

（一）民主

美国在建国之初就非常重视美国公民的培养，这源于美国关于自治政府的理念，希望把美国建设成为一个强大的、独立的、具有宪政民主的国家。因此，大学的价值观教育负有培育公民的使命：促进知情的、

---

① Anne Marie Slaughter. The Idea That is America [M]. New York：BasicBooks, 2007：2.
② 塞缪尔·亨廷顿. 谁是美国人——美国国民特性面临的挑战 [M]. 北京：新华出版社, 2010：248.
③ France Moor Lappe. Rediscovering America's Values [M]. Washington, DC：The instatute for Food and Development Policy, 2010：3-4.
④ Andrew Kohut, Bruce Stokes. America Against the World [M]. Washington, DC：The Pew Research Center, 2006：53-54.
⑤ 葛建平，葛春. 美国公立学校价值观教育初探 [J]. 思想理论教育（上半月·综合版），2006（4）：30-39.

负责的、道德公民的发展，帮助年青一代了解民主社会的政治制度和运行模式，提升学生参政议政和参与民主治理的能力，形成公民社会所需要的对立宪民主的价值和原则的认同，以便于将来更好地参与政治生活。同任何现代民族国家的民族精神一样，美国精神也弥漫着浓厚的国家意识形态，其中包括的自由、民主、个人主义、实用主义等理念都具有维护美国主流意识形态的鲜明特征。正如《独立宣言》中提及的："下述真理不证自明：凡人生而平等，秉造物者之赐，拥诸无可转让之权利，包含生命权、自由权与追寻幸福之权。"在美国国家历史中几个重要的文献如《人权宣言》《独立宣言》《联邦宪法》等，是美国从建国以来价值观教育的来源和遵循，所倡导的资本主义政治价值观是美国大学公民价值观教育的核心内容。

（二）自由和平等

自由平等是美国公民价值观的核心和根源，是美国人最响亮、最根深蒂固的一种价值。"我们认为下面这些真理是不言而喻的：人人生而平等，造物者赋予他们若干不可剥夺的权利，其中包括生命权、自由权和追求幸福的权利。"《独立宣言》开篇就讨论了平等，这足以说明"平等"在美国公民意识领域中的核心地位。"自由"是被放置到美国宪法中加以保障的，"我们美利坚合众国的人民，为了组织一个更完善的联邦，树立正义，保障国内的安宁，建立共同的国防，增进全民福祉和确保我们自己及我们后代能安享自由带来的幸福，乃为美利坚合众国制定和确立这一部宪法"。出于对个人权利的合法维护，西方政治哲学中有着划分个人领域和公共领域的传统，通过二者清晰的界限，更完整合理地维护个人权利。美国公民所拥有的个人权利是自明性的，政府的条例中需要明确的是为公共领域设限，防止公共领域的范围扩大覆盖到个人权利的领域中。"从某些方面来说，自由规范着个人生活和政治生活中一切好的东西。"① 美国通过价值观教育将这种自由平等的价值观内化为学生们将来参与国家政治和社会生活的态度与信仰。针对美国种族和民族不平等、贫富差距等问题，美国大学更加重视公平的价值观培育，增加了公平、公正的课程设置比例，哈佛大学就围绕相关价值理念开设一系列相关课程，话题涉及单一族裔平等政策发展演变、资本主义现代化背景下人口贩运与平等、美国种族、民族和移民的制度演进等，力图在多民族国家中寻求一种种族平等的关系，引导学生建构人权法治的价值观念和平等意识。

（三）正义和法治

正义和法治是建设现代社会的重要原则。法治能够为个人权利提供保障，公民的自由和平等唯有在法律保障下才具有效力，法律作为最高权威不受到政府的制约，反过来可以制约当权政府，这对于实行两党制的美国来说是必要且合理的，有助于形成共同体内较大范围的重叠共识以维护社会秩序的稳定。即使美国社会中对公民教育和意识形态教育具有高度的敏感性，但是在美国的大部分大学中，法治观仍然是价值观教育的重中之重。甚至有的大学会开立专业课程，或者在讲授美国历史和美国宪法及其他法条修正案内容的同时培养学生的法治精神。以哈佛大学为例，设置了包括美国医疗保健政策与公平、美国基础教育制度公平和美国基础教育的系列改革等方面内容，通过这些主题的讨论，完成价值观中正义和法治观念的教育。

---

① ［美］罗伯特·贝拉，等. 心灵的习性：美国人生活中的个人主义和公共责任［M］. 翟洪彪，等译. 北京：三联书店，1991：33.

第三节　中美大学价值观教育的基本内容

　　核心价值观所反映的是制度层面的东西，而道德价值观所体现的是人们日常生活规范层面的东西。① 生活道德价值观是构建社会个体道德良知的骨架，生活道德价值观的形成受到社会现实利益取向的影响，其本质是主体需要和利益的内化，具有鲜明的主体性特征，集中反映了个体的道德理念，并为个体价值观的发展奠定基础。生活道德价值观是个体的价值系统中的亚系统，是作为主体在普遍的社会道德观下所持有的个体化道德标准和根本看法，是影响个体道德心理和行为的可变性因素。在实际社会生活中，个体追求何种道德生活、崇尚何种道德信条、接受何种道德规范、做出何种道德判断和道德评价、欣赏何种道德行为、选择何种道德行为、如何实施其道德行为以及产生何种道德情感体验等，这一切无不受到个体的道德价值观的支配、调节和控制。②

一、中国大学的生活道德价值观教育

　　对青年学生成长成才特别关心的习近平总书记向当代大学生提出了"志存高远、德才并重、情理兼修、勇于开拓"的"十六字诀"和"勤学、修德、明辨、笃实"的"八字真经"。"八字真经"和"十六字诀"都是鼓励大学生在火热的青春中放飞人生梦想，在拼搏的青春中成就事业华章。中国大学通过生活道德价值观教育在生活规范层面积极

---

①　韩震. 必须区分核心价值观与道德生活价值观——如何凝练社会主义核心价值观之管见 [J]. 中国特色社会主义研究，2012（3）：44-46.
②　李红. 道德价值观的结构及其教育模式 [J]. 教育研究，1994（10）：36-40.

倡导集体主义精神,引导学生"向上向善",总结起来主要有以下三方面的内容。

(一) 倡导集体主义、克己奉公的价值观念

把人民和国家的利益高于一切作为宗旨,把集体与个人作为一个辩证统一体是中国大学价值观教育的一条主线。马克思主义价值观强调,当个人利益与集体或社会的利益发生对立冲突、二者不可兼得时,站在人类整体的长远发展立场上、站在集体利益和需要的立场上、站在广大人民群众根本利益立场上的价值观就是先进的,而只强调个体自身的眼前利益而不顾他人、集体及人类社会长远利益的价值观就是落后的。通过价值观教育使大学生认识到集体主义是所有中国公民特别是新一代大学生应该具有的道德伦理素养,通过理解集体主义在创造、维持、发展人类社会文明过程中的重要作用,激发学生浓厚的集体主义情怀,促进集体主义原则的内化,正确把握和处理个人与他人、个人与社会、个人与国家的关系。主张国家、集体利益高于个人利益,个人利益服从集体、国家利益。提倡奉献精神,培养学生形成"一心为公,大公无私"的优良品质。引导学生坚持利他、和谐、克己奉公的原则,正确处理理想与现实、道德与利益的矛盾。当然,我们今天所倡导的集体主义,必须承认和尊重个人利益,坚持集体利益与个人利益的辩证统一。[①]

(二) 崇尚谦和好礼、修身自律的传统美德

习近平总书记说:"中国优秀传统文化的丰富哲学思想、人文精神、教化思想、道德理念等,可以为人们认识和改造世界提供有益启

---

① 常欣欣. 现阶段我们倡导怎样的集体主义 [J]. 科学社会主义, 2011 (6): 13-17.

迪,可以为治国理政提供有益启示,也可以为道德建设提供有益启发。"[①] 并先后在不同场合指出,要"把跨越时空、超越国度、富有永恒魅力、具有当代价值的文化精神弘扬起来"[②]。中国大学非常重视在教育中积极挖掘中国传统文化中蕴含的守诚信、尚和合、仁爱、崇正义、重民本、求大同等价值观的时代价值,在日常生活中要求学生做到"仁者爱人、推己及人""静以修身,俭以养德""立志言为本,修身行乃先""勿以恶小而为之,勿以善小而不为"等关于个人自律的规范。自强不息、责任心、上进、自信、正直、言行一致、聪明智慧、勇于负责、宽以待人、见义勇为、自我克制、助人为乐、大公无私、关心他人和洁身自好等传统美德与"君子"型理想人格特征也是价值观教育中一笔宝贵的财富。

(三) 弘扬自强不息、艰苦奋斗的革命精神

革命精神是指主体在达成革命目标的过程中所展现出的不懈追求、克服一切困难的精神状态。"天行健,君子以自强不息",奋斗精神是中华民族传统文化的精华部分,而近现代中国风雨飘摇的历史,更离不开无数中华儿女艰苦奋斗才能够克服重重苦难。所谓多难兴邦,正是对民族精神的一次次锤炼才能够得到更大升华。因此,对于中国的青年一代,培养他们自强不息、艰苦奋斗的革命精神是对党的政治本色和传统的继承。通过人生观、价值观教育,引导大学生保持永不懈怠的奋斗状态和一往无前的奋斗姿态,教育青年大学生不畏艰难、勇于创新、敢于拼搏的价值观。习近平总书记强调,要在培养奋斗精神上下功夫,教育

[①] 习近平. 在纪念孔子诞辰2565周年国际学术研讨会暨国际儒学联合会第五届会员大会开幕会上的讲话 [N]. 人民日报,2014-09-25.
[②] 习近平在联合国教科文组织总部发表演讲 [N]. 人民日报,2014-03-28.

引导学生树立高远志向，历练敢于担当、不懈奋斗的精神，具有勇于奋斗的精神状态、乐观向上的人生态度，做到刚健有为、自强不息。① 习近平总书记进一步指出，我们的生活条件好了，但奋斗精神一点都不能少，中国青年永久奋斗的好传统一点都不能丢。在实现中华民族伟大复兴的新征程上，必然会有艰巨繁重的任务，必然会有艰难险阻甚至惊涛骇浪，特别需要我们发扬艰苦奋斗精神。②

二、美国大学的生活道德价值观教育

与中国大学不同的是，美国将生活道德价值观划为私人领域，是公共领域不能侵犯的"个人权利"的一部分。美国社会对民主的追求、对民族融合的需要和对科学的崇拜，都以自己的方式助长着道德价值观相对主义的流行。那么美国大学是如何在培养学生价值观和行为的同时，又不至于被指责"教化"呢？办法就是谨慎而明确地规定教育的界限，仅仅把那些被广泛认可的价值观作为教育内容。大多数美国大学都同意大学应该培养学生诚实守信的品质，应该增进不同种族、背景宗教信仰的学生相互理解的能力等，比如，有人提出应该倡导无条件的爱和善良、诚信、勤劳、尊重、合作、同情、原谅③等价值观。通常来说，美国大学的生活道德价值观教育比较集中于个人的发展和价值实现，追求诚信，追求文化上的包容与尊重。

下面我们列举了四个美国社区大学价值观教育的基本情况，管中窥

---

① 张烁. 坚持中国特色社会主义教育发展道路 培养德智体美劳全面发展的社会主义建设者和接班人 [N]. 人民日报，2018-09-11.
② 习近平. 习近平谈治国理政：第3卷 [M]. 北京：外文出版社，2020：335-336.
③ Moral Values for Students: A Necessary Part of the Curriculum [EB/OL]. (2011-03-14) [2018-01-12]. https://soapboxie.com/social-issues/Teaching-Moral-Values-in-School-A-Necessary-Part-of-the-Curriculum.

豹,近距离考察美国大学生活道德价值观教育内容各自不同又具有一定共性的特点。

富尔顿蒙哥马利社区学院(Montgomery Community College,Fulton)认为学院有责任教授价值观,他们从一般的人性角度来探讨这个话题,而不是从自由主义或保守主义的角度,找到了一些校园保守派和自由派都必须支持的价值观:尊重所有人、说真话、不偷窃——金钱、事物、人们的想法、以文明的方式行事、对自己的行为负责、接受好的或坏的后果、学习、利用事实提出合理的论据并进行理智的讨论、参与社区投票。富尔顿蒙哥马利社区学院重视文明、正直、多样性、无障碍性和社区参与等。富尔顿蒙哥马利社区学院的价值观教育表现出了对多元文化的宽容和尊重:"我们相信,这些价值观在我们的校园里创造了一种氛围,让所有来到这里的人感到有价值和平等。我们希望,当学生和其他人离开我们的校园时,他们的生活尊重所有的文化。无论你是黑人、拉丁裔、白人、基督徒、穆斯林、犹太人、无神论者、异性恋者、同性恋者、变性人还是其他人,都欢迎你加入富尔顿蒙哥马利社区学院。"[1]

位于纽约的布鲁姆社区学院(Broome Community College,New York)规定了七项获得文科学士学位的基本要求,包括有效的沟通、公民行为、全球和跨文化思考、批判性思考、伦理推理、理解和使用数学、科学和技术以及保持良好的健康。讲授推理的六门核心课程从伦理角度探讨与司法有关的公共政策问题,对学生道德推理进展的评价主要基于课堂参与,还有一门关于思想和价值观的交流课程要求学生在所选

---

[1] Teaching Values [EB/OL]. (2016-03-09) [2018-01-01]. http://www.fmcc.edu/2016/03/09/teaching-values/

阅读材料上进行道德论述。①

位于科罗拉多的奥罗拉社区学院（Community College of Aurora, Colorado）的教师制订了一个题为"将伦理学教学纳入社区大学课程"的计划。84名教师参加了一个将伦理融入课程的研讨会，随后价值观教育被实施到各种课程中，影响了大约1700名学生。价值观教育的内容包括：提高对道德问题的认识；加强学生和教师之间的互动；教师和学生能够更好地阐明自己的价值观，整合、理解和应用本学科的实践和理论知识；更具原则性的道德推理。奥罗拉社区学院一直致力于将道德价值观教育课程整合和系统化。②

位于康涅狄格州的圣文森特学院（St. Vincent's College, Connecticut）确定其学生道德价值观教育包括基本交流技能、基本数学技能、基本研究技能、批判性思维技能、对学生的评价，人文社会、科学原理知识、伦理道德和价值观。在衡量道德和价值观的发展时希望学生能够做到：审视、阐明和应用自己的道德价值观；理解并应用核心概念；分析和反思法律、社会和科学问题的伦理维度；确定个人价值观，然后将其用于道德决策。③

美国大学协会（The Association of American Colleges and Universities, AACU）在2010年组织和支持了多个社会机构、出版社和研究项目，对大学应该培养学生什么样的价值观进行了研究。以下内容是根据此项

---

① Lee, Jenny. Values Education in the Two-Year Colleges. ERIC Digest [EB/OL]. (2014-05-19) [2018-01-01]. https：//eric. ed. gov/contentdelivery/servlet/ERICServlet? accno=ED440681.

② Lee, Jenny. Values Education in the Two-Year Colleges. ERIC Digest [EB/OL]. https：//eric. ed. gov/contentdelivery/servlet/ERICServlet? accno=ED440681.

③ Lee, Jenny. Values Education in the Two-Year Colleges. ERIC Digest [EB/OL]. https：//eric. ed. gov/contentdelivery/servlet/ERICServlet? accno=ED440681.

调查结果和以上四个社区学院道德价值观教育的内容的综合和归纳。

（一）鼓励学生追求卓越和形成为个人发展负责的态度

追求卓越（Striving for Excellence）主要是指发展坚定的工作伦理观，自觉地在大学学习和生活的各方面全力以赴。与坚定的工作伦理观相关的品格特质主要包括义务、责任、可靠、自律、主动性、坚持、适应力、目的、动机和社会智能。教育学生要清楚地了解作为学生被赋予的期望和要求，并且愿意付出努力力争满足那些期望和要求，要对自己的行为负责，学生们能够确定任务优先顺序并及时完成个人学习或工作任务，在大学环境里以及学校生活、个体生活和社会生活之间处理好不同的责任，重视培养自己发起新的项目的创造力和能力，保持积极的状态并坚持下去。乐于独立工作，顺境或逆境时都勤勉工作，善于从错误中学习并避免再犯错误。了解个人努力价值，促使个体在学术和社会方面的成长，学会为自己设置目标，积极要求和接受反馈。乐于在团队中工作，在共同的项目中合理划分工作，分享资源，认可别人的工作。这些品格特质的重要性在于它们有助于在大学环境中创立一个职业文化环境，帮助学生从学校环境过渡到工作环境，无论在什么学科、职业、范畴和工作层面这些特质都具有价值。

（二）个体诚信和学术诚信是美国大学校园里最为推崇的个人品质

培养个体诚信和学术诚信（Cultivating Personal and Academic Integrity）是指培养学生形成包括从同学之间诚实相处到符合正式学术行为准则规定的所有道德原则。教育学生遵循与学术行为相关的行为准则或标准。与学术诚信相关的品格特质包括诚实、真实、公平、尊重他人、荣誉、责任和信任。诚实和真实（Honesty and Truthfulness）的品格特质被界定为按照直接和真诚的方式行事；当从他人处听到真相时，即使不是你想听到的,也要表示尊重;要理解,在做错事后,诚实和真诚是正当结果产生所需要的;对自己的行为负责;承认错误或干过坏事;坦然地保护校园社区的价值观;对个体行为和思想进行积极的批评性反思,拥有工作自豪感,了解个人局限;在学术任务中,细致而准确地引用,只使用个人的劳动成果;理解在考试中作弊就等于欺骗自己。不参与任何学术不端活动(包括允许他人使用自己的劳动成果);当出现违规行为时,以适当的方式上报。

(三) 培养多元文化意识和对外来文化的包容态度

美国大学中为了帮助青年学生应对多元文化并建立包容精神,在价值观教育方面做出了精心的设置。美国大学希望通过学生的校园生活,可以帮助他们建立一个基础的、普遍的包容性原则。这种包容性原则是双向的,一方面对学生进行美国通史教育,使得学生了解历史;另一方面在校内构筑多元化的宽松环境,让学生切身地将多元化文化化为实际体验。通过这种双向的课程设计,能够帮助学生自然而然地形成相互理解、相互尊重的价值观。宗教多样性、价值相对主义、多元文化主义、信息化的时代背景使得学生在不同环境下加深了对包容性原则的认同感。很多大学开设"文化和信仰"类课程,实际上就是价值观教育的一种形式,这种课程挑选出不同文化的、具有代表性的文艺作品,以具象化的形式让学生体验、加深理解不同的文化和信仰,以第三者的视角使得学生进一步理解多元化和包容的意义所在。使得不同文化背景、不同民族、不同地区的学生在美国获得认同感和归属感的同时,能够学习其他民族的文化,使具有文化差异的个体和群体形成相互尊重、和谐共生的关系和氛围。认识和理解各种文化现象,包容和理解自我与他者的文化差异,对不同文化传统尤其是文艺作品有自己的理解,能够把握文化和信仰对个人及社会发展的重要作用,能够对纷繁复杂的当代文化现象做出回应。正如美国学者盖伊(Geneva Gay)所言:"多元文化教育与民主的平等主义原则相一致,有助于将美国教育的基本思想转化为实践,……学校应该在教育过程的各方面纳入文化和种族的多样性来进一步推动教育公平。"①

第四节 中美大学价值观教育的发展性内容

相对于其他部分,中美大学价值观教育在发展性内容上的差异性最为突出。中国大学是在社会核心价值观和社会推崇的道德价值观"认同"的基础上对"践行"能力进行培养;美国大学对学生进行的是价值判断和理性分析能力的培养。

一、中国大学价值情感的激发和价值观践行能力的培养

认同和践行是中国大学价值观教育的两个中心环节。美国大学反对"教"具体的价值观原则的原因之一,就是他们认为"知道"价值观和好的价值行为之间并没有直接关系。其实,"知行合一"是中国古代道德教育须臾不可缺失的重要教育原则,"内化于心,外践于行"更是现代价值观教育的目标,两者都主张将精神与身体合而为一,要将正确价值观的实现与主体自身的日常生活与活动融为一体。

情感是实现"知行合一"的关键,中国大学总是通过强化情感共鸣来完成移情理解,最终发生思想上的转变,投射出浓烈的人文气息和

---

① Gay G. Curriculum Theory and Multicultural Education [C] // Banks J A, Banks C A. Handbook of Research on Multicultural Education. New York: Macmillan, 1995: 18.

情怀。注重情感因素,是中国传统道德教育极具魅力的方法之一,师生之间以"情"交融为根基的教育传统是中国的优良传统,体现出中国教育的特色。① 中国大学通过寓教于情、情理交融、情绪感染,激发学生对祖国大好河山的热爱,对美好生活的向往;通过北京奥运会、改革开放40周年纪念活动等国家重大事件和活动,激发学生的爱国热情;通过讴歌奋斗人生、刻画最美人物,激发学生的社会责任感和崇高的奉献精神;通过旗帜鲜明地弘扬真善美、贬斥假恶丑,唱响正气之歌;通过民族文化带来的高尚的审美情感,引发学生对博大精深的五千年文化产生崇高的敬畏之情。

为了培养学生的价值观践行能力,中国大学有计划地、系统地将价值观教育融入大学生日常思想政治教育,从细处着眼,从小事做起,从习惯养成做起,在潜移默化中影响学生。把价值观教育内容固化成为机制性、长效性的行为规范,融入校风校纪和校园生活习惯之中。以宿舍文化建设培养学生团结友爱精神;以严谨的治学态度培养教育学生弘扬学术诚信,践行学术道德;引导学生参与"善行义举""服务社会、服务群众"等公益活动。特别是志愿服务,是中国大学生将社会主义核心价值体系转化为信仰的重要媒介。② 中国的大学生志愿服务活动包括了社会公益类、社区服务类、环境保护类、扶贫开发类与专项服务类五大类志愿服务,其中包括"大中专学生志愿者暑假文化科技卫生'三下乡'活动""青年志愿者社区发展计划""大学生志愿服务西部计划"等,大学生们在奥运会、世博会等大型活动和各种急难险重任务

---

① 李申申. 基础教育的中国特色:建构以"情"为根基的主体发展观 [J]. 河南大学学报(社会科学版), 2005 (2): 143.
② 纪春艳, 黄鹏. 志愿服务与大学生核心价值观的培养 [J]. 人民论坛·学术前沿, 2010 (9): 228-229.

中提供各种志愿服务，磨炼了意志，也促进了学生正确个人价值观念的形成。

二、美国大学价值观理性分析和判断能力的培养

受新教伦理和资本主义精神的影响较大，美国大学意在培养具有批判性思维和创造性思维的人才。麻省理工学院的一份研究报告提出："一个受到良好教育的人应具有敏锐的判断力和理性的推理能力，应该懂得科学方法和其他探究方法……一个受到良好教育的人应具备与最优秀人类相适应的精神与品质——敏锐的判断力、良好的审美力、很强的适应性和自信心，以适应迅速变化的未来世界。他还应该有历史知识，理解人类文化和价值体系的发展变化，能将这些知识与判断力结合起来去认真细致地思考伦理道德问题……一个受到良好教育的人在社会中能够做出卓越的贡献。"[1] 哈佛大学德里克·博克曾经也提出，在一个变化的、破碎的社会里，本科生教育最重要的产物就是不受教条束缚的、由人文主义价值滋养的有判断力的头脑。因此，美国大学在价值观教育上，把帮助大学生认识到价值观问题的存在并严谨地思考这些问题作为大学义不容辞的任务。

美国大学在促进学生道德推理和价值判断能力提升中最关注三项能力的培养，即学生积极的自我意识和目的性（Positive Sense of Self and Purposefulness）、自我反思、社会意识和情境知识（Self-reflection, Social Awareness and Knowledge of Context），以及发展伦理道德推理和行动能力（Developing Competence in Ethical and Moral Reasoning），帮助学生理解优点和缺点是如何促进成长的，帮助学生了解在日常生活中和从

---

[1] 陈何芳，刘宝存，任鸿舜. 美国研究型大学本科生培养目标的演进 [J]. 外国教育研究，2007（5）：55-58.

长远来看什么是重要的，将自我和社会看作不断变化的实体，发展自我的个体价值观和社会价值观，在尊重他人的情境中表现出言行一致的价值观，愿意与他人进行对话，发扬人道主义精神，致力于"共同的善"。

美国大学培养学生理性分析能力，希望学生通过对课程的学习有意识、有计划地训练出学生综合运用观察、调查、统计、实验、归纳、分析等方法的能力。这一点基本上是美国大学的共识，为了达成这一目标，较大比例的大学为学生设置了数学推理，该课程内容包括了数学、统计等学科的方法论基础，这种数理的训练可以帮助学生建立理性思维。哈佛大学所开设的"人文社会科学定量方法导论"课程，以数学、统计学和实证研究为基础，运用数据推断和检验假设，帮助学生认识客观事实与主观判断之间的区别，并将所掌握的学术知识和判断能力应用到商业运作和医学研究等不同社会文化领域，使学生在分析处理商业道德、医学伦理的具体问题中，不断提升价值判断和选择能力。

美国大学培养学生批判性思维和价值判断能力，以便学生能够在多元化社会的背景下，面对具体问题形成主体意识，避免人云亦云，成为认同核心价值观、维护社会价值规范的公民。综观美国联邦政府颁布的系列教育法案和通识课程纲领性文件，几乎无一例外地提到了批判性思维。1994年，美国联邦政府颁布《2000年目标：美国教育法》，强调培养学生推理判断能力和批判性思维能力，以此促进学生思想品德和价值观念的形成。1946年《哈佛通识教育红皮书》、1947年杜鲁门政府《总统报告》、1978年《哈佛核心课程报告》、2007年《全面教育特别工作组报告》等通识课程纲领性文件中同样强调了批判性思维对学生的重要性，将批判性思维的训练作为教育活动的重中之重。对批判性思维的训练得到了美国教育界的极大认可，在不同层次和性质的大学中都得到了应有重视。尤其是 21 世纪全球一体化以来,美国大学更加注重倡导学生理性认识问题,引导其进行批判性思考。例如,哈佛大学提倡"培养学生批判性、建设性应对变化的能力",芝加哥大学提倡"帮助学生学会自己思考、培养做出独立判断的能力"。

第五节 中美大学价值观教育内容的差异性及原因分析

通过以上分析我们可以发现,中美大学根据各自不同的教育目标确定了不同的价值观教育内容。教育内容的差异性与中美两国的意识形态、社会属性及社会文化的根本性差异密切相关。

一、中美大学价值观教育核心内容的差异性

核心价值观反映的是不同社会的本质。中国大学价值观教育的核心内容与美国大学价值观教育的核心内容最大的差异性在于其社会制度属性不同。

(一)社会主义核心价值观在国家和公民层面的价值要求与美国的公民政治价值观存在差异

由于社会主义核心价值观在国家和公民层面的价值要求有一些内容与美国公民政治价值观在字面上是一样的,例如,自由、民主、平等、法治等,也有人把美国等西方国家的价值观包装成"普世价值",试图通过"普世价值"对我国进行资本主义意识形态渗透。在这方面,我们必须清醒地认识到,二者在属性和内涵上的区别是根本性的、本质的。

马克思主义认为:"统治阶级的思想在每一时代都是占统治地位的

思想。这就是说,一个阶级是社会上占统治地位的物质力量,同时也是社会上占统治地位的精神力量。"① 核心价值观具有阶级属性,代表了阶级的意志,"其内在本质是民族国家精神文化和价值诉求的综合表达"②。当代中国的核心价值观始终坚持以马克思主义为指导,始终坚持"社会主义的核心价值必须反映科学社会主义本质"③ 的价值属性。中国社会主义核心价值观倡导的自由、平等和民主是劳动者的自由、平等和民主,而美国资产阶级要实现的自由、平等和民主是有产者的自由、平等和民主,仅仅是有产者的特权。美国大学的价值观教育理论是建立在资本主义制度基础之上,决定了它的历史局限性,具有不可克服的片面性和狭隘性。以私有制为基础的经济制度和政治制度使资本过度集中,国家权力掌握在少数控制着社会财富的人手中,资本主义标榜的自由、民主、人权往往取决于个人的财富状况,是由资本势力操控着的。这就决定了美国大学价值观教育具有功利性、局限性,是服务于少数占统治地位的大资产阶级利益的,其价值观的塑造反映了资产阶级对政治、经济、文化的要求,而美国所宣扬的个人主义、自由主义和功利主义,则是从资产阶级诞生至一步一步成为统治阶级的过程中一直保有的属性。"一旦资产阶级的统治受到威胁,他们就会把共和国的'自由、平等、博爱'这句格言代以毫不含糊的'步兵,骑兵,炮兵'"④。

---

① 马克思恩格斯选集:第 1 卷 [M]. 北京:人民出版社,1995:98.
② 陈怀平,廉永杰. 共通、异质与升华:当代中西方核心价值观辨析 [J]. 中国特色社会主义研究,2011(1):54-59.
③ 宋萌荣. 科学社会主义的核心价值与人的全面发展 [J]. 当代世界与社会主义,2007(4):64-67.
④ 马克思恩格斯文集:第 2 卷 [M]. 北京:人民出版社,2009:509.

（二）社会主义核心价值观在公民层面的价值准则与美国道德价值观存在差异

中国社会主义核心价值观公民层面的价值准则是"爱国、敬业、诚信、友善"，与美国大学经常进行的爱国教育、职业伦理教育和道德伦理教育非常相似，但是二者之间是有着本质的区别的。中国提出的"爱国、敬业、诚信、友善"是核心价值观的一个层面，因而具有了意识形态属性，体现了社会主义政治伦理和公民道德要求。"爱国、敬业、诚信、友善"背后隐含着深刻的社会存在基础，是社会主义国家认同、职业伦理、人际关系本质的客观要求，是社会主义制度优越性在国家认同、职业伦理、人际关系上的具体体现。在价值观教育中，我们要从中国特色社会主义意识形态优越性的高度和社会主义社会人性完善发展的高度上来把握公民层面核心价值观教育的真正意义，将其升华为全民坚定的道德与信仰，不能将其与美国的一般道德价值观简单等同，也不能仅仅作为抽象的伦理范畴进行一般性解读。

二、中美大学价值观教育基本内容的差异性

中国大学在生活道德价值观教育上坚持"一元主导"，这个"一元"就是集体主义性质的价值观，"导"的对象是大学群体中的价值观多元化倾向。美国大学在生活道德价值观教育内容上呈现"多元分化"的状态，除了倡导最一般的价值观，教育的重点是引导学生对多元文化的宽容。

中国大学在生活道德价值观教育上坚持"一元导向"是大学价值观教育对时代发展的诚实回应。首先，大学生价值观多元化是社会发展带来的必然现象。计划经济时代，高度集中的公有制必然要求集中而统

一的价值观。改革开放以后,社会上与多种所有制相适应的多元化价值观的存在已是客观事实,社会生活方式的多样化、利益的个人化以及大众传媒的迅猛发展,都会对大学的价值观产生影响。承认大学生价值观多元化是对现实的尊重。其次,坚持"一元导向"是构建和谐社会的必然要求。在不违背一元价值导向的前提下,允许个人发挥个性的价值取向,在统一性中追求多样性,实现二者的共存,是多元文化时代构建和谐社会的题中应有之义。坚持生活道德价值观"一元导向"有利于维护稳定的社会结构和社会秩序,使社会的运转更有效率、更加和谐。大学的价值观教育就是这样一种社会整合机制,以支撑和维护社会整个价值体系乃至社会整个秩序的稳定和发展。另外,坚持"一元导向"是应对价值观冲突和危机的必然要求。在急剧的社会变革中,价值差异和价值冲突日渐频繁,大量西方文化思潮和价值观涌进国门,国际敌对势力与我国争夺下一代的斗争更加尖锐复杂。这个时候,"一元导向"只有继续加强,而没有走向弱化的道理。

美国大学在生活道德价值观教育内容上呈现"多元分化"状态。移民国家的多元文化的社会现实决定了美国大学的价值观教育倡导多元价值,对学生的生活道德价值观差异保持绝对尊重的"美国人道德观的根本特征可以被称为'道德自由原则'。道德自由意味着:关于'什么是好与善',人人都可以有自己的理解"[1]。从思想基础来看,美国价值观念是个人主义的。个人主义的核心内容就是"人们有决定自己的生活和前途的自由和权利",换句话说,"我的一切由我个人负责"和"按自己的意愿行事"。个人主义所强调的不是自私自利,而是在个人与整体的关系中,个人是本位,或者说个人是始点、核心和目的。因

---

[1] 德雷克·博克. 回归大学之道[M]. 侯定凯,等译. 上海:华东师范大学出版社,2012:101-102.

此，每个人都有自己的价值观，被别人教导应该有什么样的生活道德价值观在美国的大学生看来几乎是不可接受的事情。而且，美国的教师们有时甚至不知道应该教什么价值。美国多民族、多种族和教育管理的州权制特点，加上全国并没有统一的教育大纲，没有国家的统一要求，因而在教授何种价值和美德的问题上争议较大。在美国明确要求大学和教师传递某些特定价值观是很危险的，会遭到自由主义左派的激烈反对，很多持有自由主义立场的政治家和学者会认为这种做法是保守主义政治议题在公共教育领域里的延伸，是一种话语霸权的教育理念，会对公民的良心自由和批判性思考带来巨大威胁。因此，大学教授需要反复申明他们的教育内容具有普遍性，而非特殊价值观，在生活道德内容的提出上也是多方征求意见、反复讨论、没有形成完全一致的意见。更重要的是，多元文化的思想本身就是美国社会的主流价值观。美国是一个移民国家，种族多元、宗教多元、语系多元，现代社会的全球化、信息化进一步强化了美国社会文化价值观多元并存的现实，传统的"大熔炉"被"色拉碗""马赛克"等具有多元主义色彩的比喻所代替，这与美国自由、平等的核心价值观的基调高度一致，主张校园内任何个人都平等地享有文化认同权，尊重文化的个性和差异性，培养学生能够包容各种文化的宽容精神就逐渐演变成为美国大学文化价值观教育的一部分。

三、中美大学价值观教育核心内容与基本内容之间互动关系的差异性

中美大学价值观教育的核心内容涵盖的是社会制度层面的内容，而作为价值观教育基本内容的生活道德价值观体现的是日常生活规范层面的内容。中国大学价值观教育的核心内容与基本内容之间是一种相辅相成的正向的互动关系，而美国大学价值观教育的核心内容与基本内容之间是彼此"割裂"的关系。

（一）中国大学价值观教育的核心内容与基本内容之间的正向互动关系

在中国，大学价值观教育的核心内容与基本内容相互贯通，上下结合，核心内容引领基本内容，基本内容丰富和实现核心内容。这样的价值观教育既不脱离社会生活实际，又能真正发挥凝聚人心、同心同德的重要作用。

首先，中国大学的价值观教育在核心内容和基本内容的互动关系中涵盖了国家意志、社会要求、个体需要三个层面。国家需要通过价值观教育来维护国家意识形态；社会能够通过价值观教育实现社会多样主体的稳定和谐，减少分歧，凝聚力量；价值观教育还能够给予个人科学、正确的价值准则，使个人获得精神上的幸福感和充实感。价值观教育的主体层级不同，利益诉求不同，那么价值观教育就一定得是层级的、递进式的，而不是平面的、一维的。中国大学的价值观教育表现出了对价值观教育不同层级价值主体的尊重，在教育内容各层级之间保持适当的张力。其次，在我国，价值观教育的核心内容和基本内容具有一致性，社会主义核心价值观容纳了公民道德的内容，它们只是层次高低的划分，而不是本质上的差别，在培育和践行的方式措施上是共通的。道德生活价值观是可以直接用来指导学生生活和学习的道德价值规范，将核心价值观与生活道德价值观贯通起来是进行核心价值观教育的手段，"低层次价值观的实现有利于更高层次价值观的实现，进而巩固和发展社会主义核心价值观"[①]。社会主义核心价值观教育是先进的、高层次的教育，引领并规范生活道德价值观教育；生活道德价值观教育是生活

---

① 张永奇. 社会主义核心价值观与公民道德生活价值观的同异之辩[J]. 前沿，2013（1）：63-65.

层面的、具体的教育，是对社会主义核心价值观教育的支撑和丰富。正如习近平总书记指出的，我们要注意把我们所提倡的与人们日常生活紧密联系起来，在落细、落小、落实上下功夫。在教育中坚持由易到难、由近及远，引导学生从身边小事做起、从一点一滴做起，增强学生自觉奉行和日常践行的能力。

（二）美国大学价值观教育的核心内容与基本内容之间的"割裂"关系

在美国大学的价值观教育中，公民政治价值观教育与生活道德价值观教育被划分为"公共"与"私人"的不同领域，在公共领域的公民价值观相对来说更容易达成一致，但是在私人领域的道德价值观方面则各执己见。

首先，政治自由主义是美国社会的主流政治哲学，其核心立场是限制国家权力，捍卫个体的自由和权利，特别是公民选择自己的生活方式和价值体系的自由。在资本逻辑支配下市场经济自由发展，政府无权干涉，这也为个人主义生活方式提供了坚实社会基础。因此，美国的公民价值观和生活道德价值观被划分到私人生活和公共生活的不同领域，在个体自由与国家权力之间进行严格界分也就不足为奇了。这一理念为美国的大学价值观教育确立了框架和边界，成为当代美国大学价值教育不可逾越的"红线"。其次，美国大学将个体价值观从公共价值观中独立出来，并赋予其优先地位。大学作为公共机构不能干涉和影响学生的私人价值观，不能以牺牲个人权利为代价去推行和传授某种价值观，作为行为准则的价值观只能远离讲台，"真正的教师，只能要求自己做到知识上的诚实……而对于文化价值问题，则不可以在讲台上，以或明或暗的方式,将任何态度强加给学生"①。学生拥有自由塑造自身价值观的权利,如何做一个好人、什么是好的生活方式,这些都是私人领域的问题。对学生的个体的宗教信仰、人生价值、个体品格等采取存而不论和回避中立的立场,容许这些不同私人价值观共存,坚信这是对民主社会文化差异性和多元性的尊重。最后,相对于私人领域价值观的相对性,公民价值观来自无可争辩的终极解释:对自由、平等、理性与民主的信仰。美国的公民价值观建立在社会契约的基础上,天然有着利益分配的制度属性,是资本主义社会社会化大生产的必然需要,权利与义务在制度中得到清晰的表述和保障。美国大学着重在价值观教育中发展学生对公共价值观的承诺,因为"如果教育要使学生成为公民,必须帮助他们获得推动民主体制繁荣发展的公民美德和习性"②。而构成公民美德和习性的价值观,不是传统意义上的私人价值观,而是与民主宪政体制相匹配的公共价值观。

但是,在道德价值观和公民价值观之间划分一个精确的界限是困难的,将政治伦理和私人道德分离开来,只为人们提供公共政治生活的基本价值原则和行为规范,却不提供日常私人道德生活中必要的价值指针和行为规范,大学生被培养出不同的身份侧面——道德人和政治人,造成了道德价值观教育与公民价值观教育在美国大学价值教育中彼此需要却难以融合的困局。

四、中美大学价值观教育发展性内容的差异性

中国大学对价值情感和践行能力的培养是以培育学生价值观认同和

---

① 韦伯. 学术与政治 [M]. 冯克利,译. 北京:生活·读书·新知三联书店,2005:42.
② Callan E. Creating Citizen: Political Education and Liberal Democracy [M]. Oxford: Clarend on Press, 1997:35.

践行为目的的,而美国的价值思维能力和价值判断能力的培养是以帮助学生掌握获得价值观的方法为目的的。这样的差异性主要是由中美大学价值观教育不同的教育目标决定的。

中国的大学价值观教育本质就是意识形态工作,认同共同的价值观,达成价值共识、画出最大同心圆,是中国大学的价值观教育的方向和旨归。引导学生形成先进的价值观,对于国家、民族和社会的健康发展是至关重要的。确立反映全国各族人民共同认同的价值观"最大公约数"①,关乎人民幸福安康。价值认同能够为全体社会成员提供一个共同生存发展的价值目标,使社会成员拥有一致评价标准、价值取向和共同理想,增加全社会成员对共同事业的信心和决心,谋求共同的生存发展。中国大学价值观教育虽然也重视学生个人层面的价值观发展,但是从更高层面来说,更加侧重培养学生对社会主义核心价值观以及正确的生活道德价值观的认同和践行。中国大学价值观发展性内容是"知、情、意、行"价值观教育链条中最后的也是最为关键的两个环节,保证正确的价值观真正内化于心、外化于行,情感认同和意志认同是社会主义核心价值观认同的必要环节,而最终的目的是将这种对正确价值观的认知和情感转化为行为的价值准则和规范,在学生的社会生活实践中真正发挥作用,即形成行为认同。习近平总书记曾生动地用"扣好第一粒扣子"做比喻教导青年,他说:"人生的扣子从一开始就要扣好。'凿井者,起于三寸之坎,以就万仞之深。'青年要从现在做起、从自己做起,使社会主义核心价值观成为自己的基本遵循,并身体力行大力将其推广到全社会去。"②

与中国大学不同的是,美国大学认为建构良性的公共生活的价值共

---

① 习近平. 习近平谈治国理政:第1卷 [M]. 北京:外文出版社,2014:168.
② 习近平. 习近平谈治国理政:第1卷 [M]. 北京:外文出版社,2014:172.

识不是通过"认同",而是通过"协商"才能够得以实现。协商不仅是形式上的"对话""沟通"抑或"商谈",还是公民作为理性主体在认同基本规则、既定程序前提下,进行价值澄清、立场确定乃至利益博弈的过程,最终是为了"公共善(public good)"或"共同善(common good)"。① 因此,相较于共同价值观,美国大学更强调价值观形成的动态过程,认为"人格的发展更多的不是靠外在的约束,而是靠内在的意志,只有培养人们具有自由思考和探索的高尚习惯"②,只有具备了思辨和批判意识,才能够建立理性思维,这是公民形成公民道德的基础和前提。另外,美国还认为,形成于一定历史时期的价值观念不具备普遍的适用性和绝对的真理性,用实用主义教育者的话说:"没有一种价值观系统是永恒的,任何价值观系统都必须从实践经验出发进行变革和发展。"③ 因此,他们认为获得价值观的过程比获得怎样的价值观更为重要,与其传递一种只有相对适用性和真理性的价值规范,不如培养一种兼具稳定性和持久性的价值判断能力。但是这种只重视价值推理能力而回避教授特定价值观的做法也受到了很多批评,比如,美国学者威利斯·哈曼博士在评价美国大学价值观教育时说:"我们唯一严重的危机主要是工业社会意义上的危机。我们在解决'如何'一类的问题方面相当成功。但与此同时,我们对'为什么'这种具有价值含义的问题,变得越来越糊涂起来,越来越多的人意识到谁也不明白什么是值得做的。我们的发展速度越来越快,但我们却迷失了方向。"④

---

① 于希勇. 在参与社群中养成公民资质——美国学校公民参与社会管理研究与借鉴[J]. 比较教育研究, 2014(6):58-68.
② 乔治·马斯登. 美国大学之魂[M]. 北京:北京大学出版社, 2009:211.
③ National Education Association. Department of Super Intendence Tenth Year book:Character Education [M]. Washington D C:Department of Super Intendence, 1932:11.
④ 威利斯·哈曼. 未来启示录[M]. 徐元, 译. 上海:上海译文出版社, 1988:93.

第五章　中美大学价值观教育途径与方法的差异性

价值观教育覆盖了基于知识传授的课堂教学、基于情感培养的环境熏陶以及基于习惯养成的实践活动等多个方面和过程。在美国大学，"课程是美国高校价值观教育的重要路径，包括显性的正式课程与隐性的辅助课程。前者包括人文、社会和自然科学等课程，后者包括课外实践、情景熏染和学校规章制度等内容，二者相互连接、相辅相成，共同构成美国高校价值观教育的路径"[①]。在中国大学，"在高校社会主义核心价值观教育课程生态系统中，存在学科课程、活动课程、显性课程、隐性课程等多种课程形态。学科课程和活动课程和谐互动，显性课程和隐性课程价值互补，最终促使三大板块相互配合、相互支持"[②]。本部分将从外显的课程教育和内隐的环境、活动、文化等其他教育两个方面进行比较研究。就像《维基百科全书》对"外显的价值观教育（explicit values education）"和"内隐的价值观教育（implicit values ed-

---

[①] 张宝予，杨晓慧. 美国高校价值观教育路径研究——基于通识课程的视角 [J]. 思想教育研究，2019 (5)：29-133.
[②] 徐园媛，胡亚男. 高校社会主义核心价值观教育课程生态系统的生成逻辑与建设路径 [J]. 黑龙江高教研究，2019 (9)：129-134.

ucation)"做的区分那样,外显的价值教育关涉教育者就某些价值问题为学生创造学习经验而采用的不同教学方法或计划;而内隐的价值教育则与隐蔽课程(hidden curriculum)密切相关,即那些能对学生造成价值影响的教育经验。

第一节 中美大学价值观教育的显性课程

如果课程是学校教育的核心或心脏,那么价值取向则是学校课程的关键或灵魂。① 无论是中国大学还是美国大学,课程教学都是价值观教育的主要途径。正式课程具有直接性、系统性和稳定性的特点,是价值观教育最直接、最综合的教育场域。

一、中国大学的思政课程和课程思政

"核心价值观的培育贵在知行统一,而知是前提、是基础,内心认同才能自觉践行,春风化雨才能润物无声。"② 知之愈深,信之愈笃,行之愈实,价值认知是价值观教育的第一个环节,在这方面中国大学做得更加外显、更加科学和系统化。多年来,中国的大学在加强学科建设、活化教材内容、深化课程研究和优化教学方法四个方面下了很大功夫,做到了知识性与引导性、学术性与政治性的融合与统一。

(一)思想政治理论课是中国大学价值观教育的主渠道

习近平总书记指出:"当代中国价值观念,就是中国特色社会主义

---

① 施良方. 课程理论——课程的基础、原理与问题 [M]. 北京:教育科学出版社,1996:283.
② 刘云山. 着力培育和践行社会主义核心价值观 [J]. 求是,2014 (2):3-6.

价值观念，代表了中国先进文化的前进方向。我国成功走出了一条中国特色社会主义道路，实践证明我们的道路、理论体系、制度是成功的。"① 在中国大学的价值观教育体系中，思想政治理论课教学发挥了重要的理论构建功能，用马克思主义理论占领大学生的思想高地，对大学生进行政治认同的引导和价值素养的培养，是思想性与政治性、意识形态性与科学性的高度统一。

首先，思想政治理论课有明确的教学目标与方向。中国的大学是社会主义的大学，在党的教育方针指导下为党的治国理政提供智力支撑，为社会主义现代化建设提供人才支撑，为实现民族复兴大业培育时代新人。思想政治理论课是落实立德树人根本任务的关键课程。② 思想政治理论课的教学目标就是通过理论阐释强化理论认知，坚持政治性和学理性相统一，引导学生深刻认识马克思主义的科学真理性和历史必然性，理解社会主义核心价值观内涵及内在逻辑关系，坚定社会主义和共产主义的理想信念。

其次，思想政治理论课的四门主干课程各有侧重点，共同构成了一个完整的理论教学系统。"马克思主义基本原理概论"涵盖马克思主义哲学思想、科学世界观和方法论的重要理论，帮助大学生掌握正确看待世界和事物发展的方法和工具，巩固学生的共产主义立场和价值导向。"中国近现代史纲要"在"知史明史"的基础上引导大学生科学地认识中国的来处与去处，培育大学生的国家、民族自豪感与政治、文化认同感，关注中国现实问题，引导学生把个人目标同国家和民族命运联系起来。"毛泽东思想和中国特色社会主义理论体系概论"帮助大学生了解党的基本理论、基本路线、基本纲领和基本经验，充分认识和理解马克

---

① 习近平. 习近平谈治国理政：第 1 卷 [M]. 北京：外文出版社，2014：161.
② 习近平. 习近平谈治国理政：第 3 卷 [M]. 北京：外文出版社，2020：329.

思主义中国化理论成果在社会主义现代化建设中的重要作用和重大意义。"思想道德修养与法律基础"阐明社会主义道德精神和法律精神，树立社会主义荣辱观，形成正确的道德观、法治观，实现国家价值目标、社会价值追求、个人价值准则的有机统一。除了以上内容，部分高校已经率先开设了"习近平新时代中国特色社会主义思想概论"课并加强了"形势与政策"课的建设，及时深入宣讲习近平总书记最新重要讲话精神。有的大学还开设了与必修思想政治理论课相配套的系列选修课，内容涵盖党史、国史、改革开放史、社会主义发展史，宪法法律，中华优秀传统文化等。

最后，国家通过多种途径保障思想政治理论课的教学质量。比如，2017年教育部社科司委托北京高校思想政治理论课高精尖创新中心建设"全国高校思想政治理论课教师网络集体备课平台"，平台上有6大数据库、300多万条文献资源、4万册电子图书、2500多个微视频，是一个集大纲管理、在线课件制作、课堂交互内容制作三大功能于一体的在线备课系统，手机端互动课堂涵盖课堂教学、教学管理、师生互动、教学评价等多项功能，为教师提供备课服务。除此以外，国家还实施了思政课教学方法改革项目择优推广计划，开展全国高校思政课教学展示活动，并设立了一批高校思政课教学创新中心，强化教学导向，引导思政课教师潜心从教、热心从教。

(二)"课程思政"是中国大学价值观教育的有益探索

中国大学从21世纪初开始进行"课程思政"的有益探索，打破了思想政治教育与专业教育相互隔绝的状态，思政课程和课程思政"两轮驱动"教育格局基本形成。

首先，"课程思政"体现了"大思政"教育理念，是智育与德育的结合。"把社会主义核心价值体系的基本要求体现到课程设置各领域，贯穿到教材建设各环节，融入教育教学全过程，使其深入头脑，扎根人心，真正为大学生所掌握、所认同，成为大学生的自觉追求、自觉行动。"① 通过深度挖掘专业课中的思政元素，将专业能力提升和价值引领有机结合，是我党"又红又专"育人思想的继承和发展。"课程思政"有别于"思政课程"，不是大学课程体系中的一门或一组课程，而是一种全新的价值观教育理念，一种着眼于社会主义大学合力育人系统的课程观。"课程思政"已经成为新时代大学思想政治工作新的生长点，统领思政课程与专业课程形成了协同育人的正向效应，将"育人和育才"统一起来。

其次，成功构建了课程整体育人的联动体系。"课程思政"的关键在于"自然融入"。课程思政是以思想政治理论课为核心，以学科专业课程为有力支撑，以综合素养课程为辐射的课程体系。价值观教育融入专业课关键在和谐自然，不能硬性嫁接，"不是简单增开几门课程，也不是增设几项活动，而是把价值观培育和塑造，通过'基因式'融入所有课程"②。实现课程内在教育价值的升华，增强课程的育人导向，凸显价值关怀与学生发展。提炼课程中"蕴含的文化基因和价值范式，把追求学术真理的现实价值、从事专业的职业道德、做人做事的基本道理、社会主义核心价值观的根本要求、实现民族复兴的责任担当等融入课程教学"③，实现于无声处听惊雷的价值传递与接力。中国大学将思政寓于课程，通过课程承载思政，系统谋划建设方案，确立了与思想政

---

① 教育部邓小平理论和"三个代表"重要思想研究中心. 加强改进大学思想政治理论课 [N]. 光明日报，2008-11-26.
② 虞丽娟. 从"思政课程"走向"课程思政" [N]. 光明日报，2017-07-20.
③ 黄路生. 构筑高校思想政治工作"协同体" [J]. 中国共青团，2017 (9): 7-10.

治理论课同向同行的目标，有目的地提升专业教师的育人意识，科学制定评价体系，将价值观内容贯穿于专业教育课程的教学目标、培养方案、教学大纲等各个方面。着力建设优质课程，许多大学实施了重点课程立项，充分发挥其示范带动作用。另外，中国大学还特别注重推动课堂内外的联动，建立校外实践教学基地，将课堂教学与专业实践、社会实践紧密结合，提升课程思政的价值引领力。

二、美国大学的通识教育及多学科渗透

"教育并非一个价值中立的事业，就教育制度的本质而言，无论教育工作者是否意识得到，他们已经被卷入一项政治活动。"① 通识课程与专业课程是美国大学价值观教育两条重要的课程路径。前者在于培养学生掌握美国社会在长期历史发展中形成的基本价值观和共同价值观（general values），后者在于培养学生习得从事专门工作所需依凭的职业伦理（professional ethics）。② 通识课程以概论和导论的形式横跨所有学科，教育对象上能够覆盖到全体学生，因而是美国大学价值观教育最主要的课程路径。渗透在专业课程中的价值观教育由不同院系自主设置，覆盖教育对象范围较窄，能够涵盖的价值观教育内容也非常有限，但因为跟专业结合紧密，更加具有可操作性。

（一）通识教育是美国大学价值观教育的主体课程

1945年的哈佛委员会的报告《自由社会中的通识教育》中对通识教育是这定义的："学生作为民主社会负责任的个人和公民在整个教育

---

① 阿普尔. 意识形态与课程 [M]. 黄忠敬，译. 上海：华东师范大学出版社，2001：67.
② 韩丽颖. 美国高校价值观教育的课程路径研究 [J]. 社会主义核心价值观研究，2018（2）：83-90.

过程中首先要接受的那部分教育。"① 美国大学以通识教育为载体进行价值观教育的模式是社会历史发展的产物，是将价值观教育与美国国家社会需求相结合的现实选择。②

从亚里士多德到哈佛大学的红皮书，从古典自由教育到现代通识教育，美国大学价值观教育的重心从最初的陶冶心灵逐渐转向塑造自由社会的"好公民"。通过通识教育发展个体对社会生活之特性和法则的正确判断、培养个体作为社会团体成员的责任意识、发展个体有效参与增进社会福利的愿望及理解力，"将共同的价值观传输给来自不同背景的学生"③。通识教育不以实用知识和生活技能为目的，通识教育"使我们知道作为个人同时作为公民的我们是谁，它使我们中的每个人触摸到作为独特的存在同时作为社会一分子所深怀的希望和畏惧"④。美国大学通过让学生广泛地接触人文知识、社会科学知识和自然科学知识来培养学生"合理分辨各种价值观"的能力，"我们相信苏格拉底的名言——久学善则行善"⑤。通过内容广泛的通识课程，学生不仅能从理论意义上理解什么是价值、什么是价值观念，更为重要的是，能够将对价值观念的具体把握内含于人类历史发展和多元文化样态的理解和感悟之中。哈佛大学新的"通识教育计划（Program in General Education）"

---

① The Harvard Committee. General Education in a Free Society：The Report of Harvard Committee [M]. Cambridge Mass：Harvard University Press，1950：51.
② 蔡瑶，刘夏蓓. 隐形化与国家在场：美国大学价值观教育的实践模式与本质 [J]. 当代中国价值观研究，2016（1）：111-119.
③ 魏志强. 通识教育与核心价值观塑造——美国高校通识课程改革及其启示 [J]. 当代教育科学，2018（9）：93-96.
④ Guthrie J W. Encyclopedia of Education [M]. New York：Macmillan Reference USA，2002：924.
⑤ Howard R Bowen. Investment in Learning：The Individual and Social Value of American Higher Education [M]. San Francisco：Jossey-Bass Publishers，1977：220.

的教育目标有 4 条,分别是:"致力于让学生有能力处理公民的各项公共事务;致力于让学生更好地理解自身的文化、理想及价值,并学会评估不同文化之间的差别;训练学生如何负责任地和建设性地随着时代的需要而不断做出改变;培育学生对伦理道德的理解力和批判性。"① 通识课程一方面帮助学生获得丰富的知识体系,另一方面关注人与人之间的共同之处和必要联系,帮助学生形成美好的价值观和道德品性,把学生培养成为"负责任的人和公民",引导学生具备"有效的思考能力,交流思想的能力,做出恰当判断的能力,辨别价值的能力"②。

通识教育涵盖的课程领域非常广泛。通识教育将不同的学科组织在统一的框架内,避免了因课程分化可能造成的各自为政、只追求学术教学等问题,有利于学生的融会贯通。通识课程由各州制定并执行,教学内容各有特色和侧重,通常涵盖以下三大类课程。

第一类是人文学科导论。人文学科导论是从文化向度开展的价值观教育。人文学科导论是在审美教育、宗教教育和多元文化教育中涵养人文精神、提升价值境界。自现代以来,除特别的教会学院以外,美国早已经实行宗教与教育的分离,但是在人文学科里仍然有大量关于基督教、天主教等西方主流宗教及佛教、印度教等非西方主流宗教的内容,目的并不在于发挥宗教教义的道德教化功能,而是从文化和学术的角度来培养学生理性看待宗教信仰,从中体会精神和价值观念对人与社会的影响。人文学科中还有丰富的审美教育,通过研习文学历史、古典哲学思想、艺术创作与流派等,培养学生的审慎的批判性思维,形成独特的

---

① Report of the Task Force on General Education [EB/OL]. (2007-10-24) [2018-12-02]. https://provost.umd.edu/SP07/HarvardGeneralEducationReport.pdf.
② 哈佛委员会. 哈佛通识教育红皮书 [M]. 李曼丽,译. 北京:北京大学出版社,2010:50.

审美品位。

第二类是公民教育。公民教育是从社会向度开展的价值观教育。在政治经济学、社会学、人类学、心理学、管理学等课程的教学中，向学生介绍社会价值规范，引导学生认同和掌握。通过公民教育培养学生成为适应社会政治价值规范和制度安排的合格公民。通过美国历史及《独立宣言》和《宪法》等政治文献的学习，使学生领会美国宪政的经验和教训，使他们更珍惜和认同自由、平等、民主等政治价值观。几乎所有的学生都有机会读一些主要的宪章文本，以及林肯、威尔逊和罗斯福这些人的伟大讲演，这些讲演中的许多言词已经成了现代美国公民的共同财富，是自由社会信念的力证。这样的内容学生们不仅要会复述，而且还会分析。上课的老师也要求受过相关训练，有能力解释上述知识在美国政体形成中的地位，能够讨论其与当代事务的相关性。美国的公民教育不仅将视野定位于美国场域，帮助学生厘清美国法律、经济和政治制度的设计逻辑和运行机制，培养其成为合格的美国公民，更为重要的是，作为世界上最发达的资本主义国家，美国一贯以世界领袖自居，在公民教育中也有意将视野扩展到国际社会，教育学生认识了解世界其他政体的组织形式和实践情况，认识不同的意识形态和价值观体系，培养其成为世界的公民。

第三类是学科宽度课程。学科宽度课程是从科学向度开展的价值观教育。学科宽度课程分为工程与应用科学、人文、数学、自然科学和社会科学五个领域，以职业伦理为主要内容，实用特质突出，包括科学素养和生态伦理两大方面。科学素养教育重在运用知识培养学生科学精神和价值观念，将科学价值从工具理性转向人文价值理性。美国的现代科技迅猛发展，在资本主义逐利本性的高压下，科技的负面效应不断凸显，特别是诸如人工智能、克隆技术等科技现象对社会既定的伦理道德规范的挑战成为不可回避的问题。美国许多大学专门为信息技术、生物化学、医药等专业的学生设计了与其专业紧密相关的通识课程，将大量富有争议和导向意义的价值观问题设置于其中，包括科学研究道德、公共政策与道德、药物的合法使用、能源危机等。美国大学还在学科宽度课程中设置了与科学素养教育相互补充的生态伦理教育，弥合工具理性和价值理性之间的间距，帮助学生树立人与自然和谐相处和可持续发展的价值精神和伦理规范。

（二）美国大学价值观教育的多学科渗透

迈克尔·阿普尔（Michael Apple）是20世纪70年代首先主张把课程作为政治文本理解的学者。在其成名作《意识形态与课程》一书中，阿普尔认为对课程的设置能够折射出更深层的思考，因为这不仅仅是知识和技能习得性的学习，已经变为了一项关乎意识形态的事业，是与阶级、种族、性别和宗教冲突等紧密相连的。① 在教育领域内，之前的教育者更多地在思考"什么知识最有价值"，阿普尔显然是在进行关于教育问题的颠覆和更深层次的思考——"谁的知识最有价值"，开启了探讨意识形态和课程关系的先河。他认为："一些被看作合法的或'官方的'知识总是在特定的机构中被传授，有它们自己的历史张力、政治经济学、等级制度和官僚的需要。"② 美国学者结合道德判断发展理论、道德认知发展理论和建构主义理论，提出了"价值观与知识教育理念（Values and Knowledge Education）"，进一步强调要把价值观教育与知

---

① 迈克尔·阿普尔. 意识形态与课程［M］. 黄忠敬，等译. 上海：华东师范大学出版社，2001：4-9.
② 迈克尔·阿普尔. 国家与知识政治［M］. 黄忠敬，等译. 上海：华东师范大学出版社，2007：1、7.

识建构紧密结合。① 并且强调美德和价值观最好是在学科的学习过程中获得。

美国大学认为价值观教育,特别是道德价值观教育不能局限于单一学科或一组科目,因为它本质上是一种伦理反思意识,而伦理反思意识的培养需要运用跨学科的综合方法。曾任美国纽约州立大学校长的欧内斯特·L.博耶(Ernest L. Boyer)提出过"内涵丰富的主修专业(the enriched major)"的观点,他认为:"一个具有丰富内涵的主修专业必须要回答三个根本问题:一是本专业所要考察的历史和传统是什么?二是本专业所蕴含的社会和经济意义是什么?三是本专业所要面临的伦理和道德问题是什么?所有的学生都要学会从历史、社会和伦理的角度来学习他们的专业。"② 美国大学将职业道德教育作为伦理价值观教育的途径和核心内容,工程伦理教育已经成为在本科生教学中培养未来工程师职业道德的重要手段,教师教授学生一个或多个伦理理论,继而引导学生应用这些理论来解决伦理困境。比如,美国工程与技术认证委员会要求美国的工程院校,作为接受认证的一个条件,必须培养学生对于"工程职业和实践的伦理特征的认识"。有些大学已经把工程伦理学课程作为所有工科学生必修的科目,激发学生去关心和思考与专业有关的社会伦理问题,具体的目标包括强化道德意识、提高道德推理能力、增强清晰地和具有说服力地交流道德观点的能力。这样做提高了美国工程师的整体职业道德素养,增强了工程师的个体道德敏感性,推动工程伦

---

① Aspin D, Chapman J D. Values education and lifelong learning: principles, policies, programmes [M]. New York: Springer, 2007: 29.
② 博耶. 关于美国教育改革的演讲 [M]. 北京: 教育科学出版社, 2002: 64.

理学向建制化方向不断发展。① 另外，大多数的美国商学院本科生教育也将商业伦理的内容整合到各个专业课程中，不仅传授商业伦理学的基础理论与分析框架，还对商业伦理事件进行讨论。

但是，美国大学对价值观教育的多学科渗透没有明确的要求，几乎都是依靠教师的自觉和自发，更多的大学教授则坚持将知识教育与价值观教育分开的态度，或以价值无涉自居保持"价值中立"的立场。这导致了本科教育中价值立场的犹豫和混乱，具体表现为对哪些价值观更为基础和重要的怀疑主义，以及广泛达成价值共识的艰难。特别是美国现代研究型大学，他们的学科更为分化，更加注重科学研究，学科思维占主位，教师们只关心"知识的方法"与"思维方式"的培养。价值观教育在失去价值立场之后被改装成关于价值观的知识教育，导致价值观教育对于自身宗旨的背离。随着教育实践的展开，对知识选择和价值判断的避重就轻，对专业教育和价值观教育日益分离危机的妥协，美国的大学教育无形中丧失了价值观教育的灵魂，偏离或背弃了价值观教育的本质和主旨，其合法性被质疑也就无可避免了。

第二节 中美大学价值观教育的隐性课程

美国教育学家杰克逊（P. Jackson）在《班级生活》（*Life in Classroom*，1968）一书中首次提出"隐性课程"的概念，他认为学校集体生活、奖惩机制和组织结构等隐性特征形成了学校独特的精神及制度氛

---

① 张恒力，钱伟量. 美国工程伦理教育的焦点问题与当代转向 [J]. 高等工程教育研究，2010（2）：31-46.

围，对学生观念、态度及行为的养成具有潜移默化的影响。布卢姆（B. Bloom）在《教育的无知》（*Innocent in Education*，1972）一书中明确使用了"显性课程"和"隐性课程"这对概念，他认为隐性课程的实施不仅在于达到学校的培养目标，还与社会主流价值观、学校的政策声明、校纪校风及师生关系有关。无独有偶，1983年我国著名教育家朱九思在《高等学校管理》一书中提出"第二课堂"的概念：在教学计划之外，引导学生开展的各种健康的、有意义的课外活动。这个课外活动包括政治性的、学术性的、知识性的、健身性的、娱乐性的、公益性的，等等。① 第二课堂的重要特点之一就是自主性，它有别于第一课堂的计划性，往往是大学生价值取向和内在动力最真实的展示平台。② 可见，中美两国大学都认同相似的教育理念，即在正式课程之外通过大学生在校园生活中的多种途径开展价值观教育。

一、中国大学价值观教育的隐性课程

"以文化人，以文育人"是中国大学价值观教育隐性课程的指导思想，就像习近平总书记强调的那样，要更加注重以文化人，以文育人，广泛开展文明校园创建，开展形式多样、健康向上、格调高雅的校园文化活动，广泛开展各类社会实践。③

（一）舆论宣传在中国大学价值观教育中发挥着重要的正面导向作用

"积极健康向上的思想和精神只有在人们心里播下种子并且扎了

---

① 朱九思. 高等学校管理[M]. 武汉：华中工学院出版社，1983：34.
② 吕云超. 大学生培育和践行社会主义核心价值观的着力点[J]. 江苏高教，2015(2)：135-137.
③ 习近平. 习近平谈治国理政：第2卷[M]. 北京：外文出版社，2017：378.

根，才能开花、结果，才能转化为奋发向上和崇德向善的力量。"① 正面宣传教育是中国大学思想政治教育一直以来的主要手段，发挥着鼓舞人、激励人的重要作用。在中国，"宣传"和"教育"的关系非常密切，通过正面宣传，旗帜鲜明地弘扬真善美、贬斥假恶丑，讴歌党、讴歌祖国、讴歌人民、讴歌英雄。将社会主义核心价值观贯穿到形势宣传、成就宣传、典型宣传、热点引导和舆论监督中，用有温度、有深度、有情怀的宣传报道，激发青年学生的情绪共振和情感共鸣，不断巩固壮大健康向上的主流思想舆论。

（二）文化熏陶是中国大学价值观教育的重要手段

文化是涵育社会主义核心价值观的重要资源，传统文化、校园文化活动和校园环境都发挥着润物细无声的价值观教育作用。

首先，重视并大力推进中华优秀传统文化和传统美德教育。优秀传统文化与社会主义核心价值观是"源"与"流"的关系，扎根中华历史文化土壤，创造性转化，创新性发展，传承汲取传统价值的精华，"以时代精神激活中华优秀传统文化的生命力，推进中华优秀传统文化创造性转化和创新性发展"②。通过民族文化带来的高尚审美情感让大学生对博大精深的五千年文化产生敬畏之情，对具有深厚文化底蕴的社会主义核心价值观产生情感共鸣。

其次，积极开展涵养价值观教育的校园文化活动。内容丰富、形式灵活多样的主题教育活动参与面广、符合青年学生的年龄特点，是价值观教育非常重要的途径。在"奋斗的青春最美丽""与信仰对话""与

---

① 严书翰. 社会主义核心价值观是实现中国梦的强大精神力量 [EB/OL]. 人民网，2014-01-20.
② 中共教育部党组关于教育系统深入开展爱国主义教育的实施意见 [EB/OL]. 政府网，2016-01-29.

人生对话""彩虹人生"等品牌活动中，大学生们结合自身经历分享自己践行社会主义核心价值观的感悟。"青年马克思主义者培养工程"培养了大批信仰坚定、素质优良、作风过硬、能力突出的青年政治骨干。以学术报告、专家讲座等形式对社会主义核心价值观做专题解读。充分利用"七一"党的生日、"八一"建军节等重大纪念日，入学典礼、开学典礼，入党、入团等关键节点，不失时机地举办大型活动，寓价值观教育于仪式典礼当中。

最后，营造和谐向上的校园文化环境。校园环境有"不言之教"的感召作用，校风、教风、学风、班风等隐性文化都具有育人、化人、养人的作用。中国大学的校园文化坚持社会主义性质，以社会主义核心价值观为基本内涵，赋予校园建筑、校园景观、生活设施以文化内涵，着力构建良好的育人环境、积极向上的校园风尚和诚信精进的学术氛围，努力营造出具有科学创新精神、充满生机活力的和谐校园环境，激发师生蓬勃向上的精神和追求全面发展的动力。

(三) 实践养成是中国大学价值观教育的关键环节

习近平总书记指出，学到的东西不能停留在书本上，不能只装在脑袋里，而应该落实到行动上，做到知行合一、以知促行、以行求知，正所谓知者行之始，行者知之成。中国大学始终坚持不懈地推动实践养成，由易到难，由近及远，引导学生从一点一滴做起，将正确的价值观要求变成学生的日常行为准则。

经过多年的努力，中国已经建立起相对完善的志愿服务体系，社会实践被列入大学整体教育体系并有机嵌入教学大纲。共青团中央每年专门下发文件、组织团队、配备指导教师，鼓励学生走出课堂开展扶贫济困、应急救援、环境保护等的志愿公益活动。在实践活动和志愿服务中引导广大青年深入实际、深入群众，了解经济社会发展状况，亲眼看见、亲身经历、思考感悟，拜人民为师，读好"无字书"，在社会实践中学真知、悟真谛，增强对社会主义核心价值观的感性认同，进而形成"服务社会、实现自我"和"知使命、懂责任、有担当"的价值观。特别是2012年党的十八大明确提出"三个倡导"社会主义核心价值观之后，很多大学组建了社会主义核心价值观大学生宣传团，向农村、城镇、社区的基层群众进行宣讲，达到了自我教育的目的。

（四）网络与新媒体成为中国大学价值观教育的新阵地

当代的中国大学生是伴随着网络成长起来的一代，中国的大学价值观教育做到了"学生在哪里，教育就到哪里"，努力拓展网络教育新阵地。2000年，教育部提出了《关于加强高等学校思想政治教育进网络工作的若干意见》，正式要求充分运用网络手段拓展思想政治教育的视野。中共中央、国务院颁布的16号文件特别强调要主动占领网络思想政治教育新阵地，全面加强校园网的建设，使网络成为弘扬主旋律、开展价值观教育的重要手段。在相关文件的指导下，中国各个大学积极整合媒体资源，丰富网上教育内容，形成了强大的舆论力量。用正确、积极、健康的价值观占领网络阵地，建设青年学生喜闻乐见的"红色网站"，不断提升网上理论学习的实时交互性，弘扬社会主旋律，构筑学生的精神家园。建成了校园电视台、传统广播和新媒体平台互通一体的网络教育体系，推动校园传统媒体和新兴媒体的融合发展，协同共建、资源共享。开展网上主题教育活动，开发涵养价值观教育内容的音频、短视频、网络文章、纪录片、微电影等网络文化产品。

二、美国大学价值观教育的隐性课程

"隐性"是美国大学价值观教育的主要特点，相对于显性课程，美国更多地采用间接的、以渗透性为特征的价值观教育途径。目前，美国的价值观教育的隐性课程包括宗教教育、导师制、服务学习、新生研讨课、学习共同体、课外活动、住宿制度、师生关系等方面，这些无形却又无处不在的因素构成了价值观教育的大环境，对价值观教育的实施效果起着至关重要的作用。

（一）宗教教育是美国大学价值观教育的传统方式

美国大学中的宗教教育有着悠久的历史。美国殖民地最早的大学如哈佛大学（成立于1636年）、耶鲁大学（成立于1701年）和新泽西大学（后来的普林斯顿大学，成立于1747年），都是由基督教教会建立的，其使命是训练神职人员和非宗教领袖。然而到19世纪末，许多美国大学采用了德国大学的模式，注重科学而非宗教，为学生做除宗教以外的其他职业训练，并允许学生自由选择课程。20世纪初，提供宗教课程的教育机构逐渐减少，在快速增长的州立大学中，宗教课程更为少见。1922年，耶鲁大学（Yale University）圣经文学教授查尔斯·福斯特·肯特（Charles Foster Kent）提议要强化美国大学和学院教授宗教，他认为这样的教学对于培养学生从事任何职业的道德实践都至关重要，于是成立了全国宗教学校理事会，为州立大学的独立宗教学校培训教师。1924年，肯特的组织改名为全国高等教育宗教委员会（Society for Values in Higher Education，SVHE），为宗教研究生提供奖学金（后来称为肯特奖学金），这些奖学金的获得者成为全国各大学宗教和宗教研究系的骨干。20世纪70年代，许多公立大学设立了宗教研究部门，在美国宗教学院和圣经文学协会这样的学术协会的指导下，开展了一系列有关美国高等教育实践的研究项目，特别关注跨学科中的价值观教学。1998年，理事会通过了以下使命宣言来指导其工作："高等教育价值观协会是一个由教师和其他人组成的团体，他们对高等教育和更广泛的社会所面临的道德问题，如诚信、多样性、社会公正和公民责任等给予深切关注。我们相信这些价值观需要学习、反思、讨论和行动。我们通过出版物、项目、区域会议和年度全国会议来开展这些活动。"经过多年的努力，宗教在美国高等的思想文化体系中仍占有重要的地位。自由、民主、博爱、诚信、勤俭等美国校园的主流价值观都孕育自早期的宗教思想，新教教义长久地滋润着美国的大学文化，代表不同教派的宗教团体和宗教活动仍然十分活跃。许多学生宗教团体可以获得社会宗教团体的指导和赞助，这些团体除了热衷于与宗教直接相关的活动外，还非常热心于各种公益活动，包括为所在社区建立应急措施，为无家可归者提供帮助等，这些公益服务工作在一定程度上体现了他们所奉行的宗教教义，对学生道德价值观的形成产生重要影响。

（二）校园文化活动是美国大学价值观教育的载体

校园文化占据青年大学生生活的主要部分，美国一项大规模的研究发现：某些课外活动对学生的价值观有着持续的影响。[1] 美国大学的校园文化活动广泛而活跃，在自发组织和参与活动的过程中，学生的自主性、公平竞争意识和爱校爱国精神都得到了提升，尊重他人、平衡人际的协作态度也得到了加强。学校论坛和辩论社团关心社会事件，一些有兴趣、有能力的教师经常鼓励和指导学生参加讨论小组以及模拟性政治会议，这些社团活动培养出了一批具有领袖气质的学生。美国大学的体育竞技类活动非常活跃，每一季都有不同的联赛，提升了学生的竞争意识、团队精神和对公平公正更高的追求。

---

[1] Alexander W A, Linda J S. How Undergraduates are Affected by Service Participation [J]. Journal of College Student Development, 1998 (39): 259.

美国大学的校园环境也承载着价值观教育的功能。通过物质文化彰显学校追求的价值,正如芝加哥大学的捐赠者所言,他捐赠洛克菲勒纪念堂的目的在于"用来彰显宗教在我校生活中的中心位置"[①]。除了物质文化,美国大学的管理者还认为,尽管许多校园生活中的经历都是无法人为安排的,大学还是有办法让学生在各种真实的校园生活情境中练习换位思考和发展价值观,事实上许多大学也确实是这样做的。比如让学生参与帮助无家可归者的活动比听有关贫困的课程更有效;照看患重病的室友比阅读名著能更有效地培养学生关心他人利益和需要的意识;通过招生政策和安排住宿实现学生群体的种族多元化比开设种族意识课程能更有效地促进种族之间的交流。

(三) 社区服务学习和公民行动是美国大学价值观教育的实践路径

社区服务学习(Service Learning)是美国大学进行的价值观教育种种形式中最为重要的一种。服务学习理论渊源可追溯至杜威"从做中学""教育即生活"的教育思想。服务学习在现实层面上为青年提供了更真实的情景,"使学生的公民行为趋于理性和成熟"[②]。美国高等教育中积极倡导服务教育的"校园条约"大学联盟组织由代表着600万学生的1200所大学和学院的校长组成。参与联盟的各个大学都在积极实践着如服务计划中的商业和经济学、校园社区与文化校园社区伙伴关系、跨越数字鸿沟、辅助课程活动、公民与民主、公共服务中的事业等各种服务学习模式,并把服务学习分为事业发展、冲突解决、多样性、教育、环境问题、性别问题、健康和安全、住房与发展、饥饿与无家可

---

① 威廉·墨菲,布鲁克纳. 芝加哥大学的理念 [M]. 彭阳辉,译. 上海:上海人民出版社,2007: 210.
② 王水敏. 服务学习:美国公民教育的实践依托 [J]. 中国价值观教育,2011 (6): 93-96.

归、合法权利和人权、多元文化、政治和公共政策、宗教问题、城市问题、青年问题等诸多主题。美国大学在提供服务学习的过程中，教授多元文化和民主社会的价值和技能，并为学生提供实践机会，帮助他们学会尊重差异，为公共利益而共同工作，发挥着培养学生公民素质和社会道德感的作用。但是在实践中，社区服务有时太强调专业性和技术性，很多学生从志愿活动中获得的更多的是管理方面的技能，而非精神层面的价值观，学校将服务学习与课程内容整合并提供反思的机会不多。

"公民行动（Action Civics）"教育模式是最新出现的"以行动为中心"的大学价值观教育新模式。公民行动模式旨在解决崇尚竞争、追求效率的自由市场规律与捍卫美式民主、保护弱势群体利益的办学宗旨的冲突。2012年美国在全国范围内推行"新一代公民教育"，希望美国的教育工作能够具有更广泛的内涵，从狭义的知识传授扩大到公民的培育。学生应当在学校中获得关于社会结构、社会运转的认识，并对个人在社会集体中的作用和功能形成认识。"服务学习理论（SLT）""积极青年发展理论（PYD）""社会—情感学习理论（SEL）"中的关于积极参与、体验式学习、同伴交往、协商合作等方面的研究为"公民行动"提供了丰富的理论基础，成了美国普及公民教育的范本。"公民行动"与服务学习的区别在于，服务学习强调个人行为而不是集体行动，在为他人服务中体现的是一种普遍的道德关切，发展学生的亲社会价值观，但这种亲社会价值观一般不带有政治承诺，因而不能解决社会体制问题。而公民行动的政治倾向和政治意图就明显了许多，是一种有明确指导思想的体验式教育方式，给学生提供机会像真正的公民一样有效参与长期的、有一定规模的政治或能够推动社会变革的公民行动，如参与制定公共政策、建立合作联盟等，主要提升学生的四个核心能力，即观点表达、专业技能、集体行动和反思意识。相对于短期且分散的社区服务和改良措施，公民行动在发展学生公民政治价值观方面显得更加直接而有力。

(四) 纪律制度管理是美国大学价值观教育的制度约束力量

美国大学的管理者认为，纪律管理比课堂更能传递价值观。纪律规则的制定与执行，不仅有助于维持校园秩序、恪守学术诚信，也能传递并强调学校道德标准和价值观。美国大学通过改善行为准则的制定和执行过程培养学生对道德标准的敬畏感。在这个过程中首要的一步是解释规则制定的目的，这样做有助于规则制定者正确地诠释特定情况下纪律规则的制定与执行背后的教育初衷。比如有一项关于学生作弊的研究发现，相对于让学生写下"诚信保证书"，鼓励师生对作弊违纪行为进行探讨，反而更能保证大家都守纪律、讲道德。

"荣誉制度（Honor System）"是美国许多大学的教育传统，是一种基于"制度完善"和"社会性监督"的法治诚信模式，它遵循的是"契约论"和尊重"理性"的典型西方现代性思维。荣誉制度包含指导学校师生行为的道德理想，如精于学业、持守诚信、有力担当、建立友谊、服务社会、专业精良、有所追求，等等。荣誉制度的主体是学生，他们参与"荣誉准则（Honor Code）"的确立、维护和执行，荣誉准则详细罗列了各种不道德、学术违法行为及其后果，比如考试作弊、论文抄袭触犯者不但会被学校处分而且记录在案，这些学生在申请律师资格、找工作时都会遇到大麻烦。"荣誉准则"是大学全体成员的集体意志，彰显了现代民主理念。它的核心价值除了规范学生的行为以外，更重要的是让学生亲身参与到荣誉规则的制定和执行中来，彰显个体权利和制度信任，让学生更加明晰自己的道德和价值观选择，同时也看到他们的个人选择如何对共同的生活质量产生影响。

（五）导师制与住宿制度是促进学生价值观成长的无形力量

美国大学重视教师与学生非教学接触中的影响作用。除了在大学精神与教育宗旨的指导下设计科学周密的课程，还特别注意住宿制度与学习共同体结合，使价值观教育走出课堂，渗透到学生的日常生活中。美国大学在制度上要求教师与学生之间建立紧密的联系，拉近学生和教师之间距离能够让学生直观地感受到科研过程中诚信、专注、对真理的追求等重要的品格特质。

"导师制教学"是在导师与学生之间密切的互动关系中对学生价值观发展产生影响。《哈佛通识教育红皮书》中就提出了这样的"导师制教学"的制度设计。"所有的学生都需要与系里的一个教员有直接亲密接触的机会，或者，当这很难得到保证时，学生在专修领域里应该有这样的机会。"这样可以"向高年级学生提供与指导教师直接而且自然地接触的机会"，通过师生之间的互动获得愉悦感、舒适感和信任感，导师以自身的丰富学识、教学艺术和人格魅力影响学生，学生通过主动思考达到自我调适、自我发展和改善心智模式之目的。但是，美国大学更加侧重通过导师制督促和指导学生的学业发展，对学生个人生活的干预和影响刻意地保持距离。哈佛大学的导师制只是那些进入了院长名单（此名单上学生的平均成绩是 B 或更高）的高年级学生的专利，任何在三年级开始时课程成绩不好的学生都有可能被排除在导师制教学之外。毕竟专业教师的数量和精力是有限的，哈佛大学还提出了替代方案，用"同样质量的辅导员制度代替导师制，使另一半学生也得到指导"。"导师制"能够顺畅履行并保证高质量的师生接触的前提是有充分的教师资源，长期保持一支足够有能力和有经验、对哈佛大学有价值的年轻导师队伍，但不能长到严重妨碍他们在其他院校的教师生涯，这是很困难的，所以哈佛大学的解决办法是"更多的导师将由那些在哈佛停留时间相对短的人员担任"。

美国大学的寄宿式为师生的亲密合作提供了条件，强化了师生关系。"文理学院寄宿制最大限度地发挥了教育的意义，使得学生们更能适应今后的公民生活。"① 寄宿制与普通教学方式相比具有明显的作用。第一，由于美国是多元化国家并且国家的历史相对较短，美利坚民族的融合并没有完成。不同阶层和不同原生家庭等因素导致学生之间的教育背景和文化背景有较大的差异，而寄宿制在客观条件上为学生互相冲突的价值观创造了融合的机会。第二，把教师从教室带到学生的课外生活之中，成为学生的良好榜样，也为他们提供学习、生活诸方面的指导和帮助。②

第三节 中美大学价值观教育的方法

在价值观教育系统中，方法连接了主体和客体，是保证价值观教育有效实施的关键。在多年的教育实践中，中美大学都各自形成了一套科学、有效的价值观教育方法。

---

① Hersh R H. Generating Ideals and Transforming Lives: A Contemporary Case for the Residential Liberal Arts College [M] // Koblik S, Graubard S R. Distinctively American: The Residential Liberal Arts Colleges. New York: Transaction Publishers, 2000: 173-194.
② Christensen C M, Eyring H. The Innovative University: Changing the DNA of Higher Education from the Inside Out [M]. San Francisco: Jossey-Bass, 2011: 87.

一、中国大学价值观教育的主要方法

在教育方法上,中国大学采用了多种综合的方法,有传统教育的情感陶冶法、自我修养法、说服教育法、榜样示范法等,也有现代教育的启发法、思维训练法(谈话法、讨论法等)、理想激励法、行为训练法、修养指导法等。除了以上几种方式,近年来中国大学在发挥教师的主导作用和学生的主体作用方面也做了很多有益的尝试,努力贴近学生实际,采用启发式、参与式和研究式教学,积极推广名师大班讲授和小班辅导的成功经验,提高了教育教学效果。

(一)理论讲授法

理论讲授法是中国大学价值观教育灌输理论在教育方法上的直接体现。价值观教育的基本形式应该是"以理服人"[1]。中国大学价值观教育中的理论讲授不是将价值观强加给学生,教师们能够清楚地认识到价值观的形成是一种主体性很强的精神活动,通过理论讲授的方法,用理论的魅力和逻辑的力量去影响和征服学生,说理教育强调将道理与学生真实的生活世界关联起来,只有让他们意识到正确的价值观对于他们的生活和发展是有用的,他们才会认同和接受这样的价值观。

马克思曾经说过,理论一经掌握群众就会变成物质的力量,而理论要想真正掌握群众就必须彻底,即"抓住事物的根本"。社会主义核心价值观是中国共产党人对新时代中国人民基本价值取向的深刻诠释和高度凝练,是人类价值历史中的崭新形态,符合我国现阶段社会发展的客观现实,是一种"彻底"的理论。当代中国价值观教育中的"以理服

---

[1] 吴倬. 关于价值观教育方法论的哲学思考 [J]. 清华大学学报(哲学社会科学版), 2005(2): 10-14, 18.

人",具体地说,就是讲好中国道理,对中国经验、中国道路、中国理念、中国方案中蕴含的价值观念进行提炼、总结、升华,将讲道理与讲故事统一起来。用正确的价值观是如何促进社会进步和改变社会生活面貌的实际事例,激发大学生对培育和践行社会主义核心价值观重要意义的感性认识;通过展示社会主义在中国的土地上取得的巨大成就揭示科学社会主义历史发展的必然趋势,使大学生不断坚定为共产主义奋斗的价值理想;从中华民族不断寻求独立和解放的斗争史来揭示尊重人的价值和尊严、关注人的利益和发展对人类历史前进的推动作用;通过历史唯物主义观点讲清个人与社会的辩证关系,引导大学生真正接受集体主义的价值观念。讲清楚改革开放以来取得的历史成就、新时代坚持和发展中国特色社会主义的实践,讲清楚中国特色社会主义制度的优势,讲清楚红色政权是从哪里来的、新中国是怎么建立起来的,在历史现实和国际国内的比较中增强道路自信、理论自信、制度自信和文化自信。

(二)案例教学法

案例教学法是教师根据教学目的和教学内容的需要,运用典型案例,将学生带入特定案例情境中,通过组织学生讨论案例以提高学生分析、解决实际问题能力的一种教学方法。在教学活动中,通常来说教师会进行关于原理的讲述,在学生对相关概念建立起认知之后,再由老师筛选出具有代表性的、凝练知识点的案例,由学生根据所学展开思考和讨论,最终教师在学生输出的结果中可以得到关于学生获得知识情况的正向反馈,并对学生的掌握情况加以补充和总结。案例教学法是实际状况的模拟,是知识要点在实践层面的具体应用,案例教学能够提高学生的理解能力,也能够深层次内化认知。

(三)榜样教育法

榜样教育法是将价值观教育具体化、现实化、人格化的教育方法。

中国价值观教育不同历史阶段的实践经验都证明了榜样的力量是巨大的。榜样是理想化人格的化身,是青年学生追求、学习和仿效的对象,正确的价值观通过榜样的实际行动得到了阐释和印证。新中国成立初期,在全社会范围内树立起了"铁人王进喜""雷锋"等楷模,这些楷模的事迹和人格将在青年成长过程中以人格化的美德形象指引青年的成长。大学生先进典型的先进思想、模范行为和感人事迹,因其真实性、鲜活性、先进性和可及性而吸引人,更容易被同龄人接受、学习和效仿。用大学生先进典型对青年学生进行榜样教育是最实在、最具体、最生动的活教材,具有很强的说服力和感召力。学生之所以要向身边的榜样学习,就是因为这些身边榜样的先进事迹使他们产生了强烈的认同感,进而会对身边榜样身上所体现的优良品质和崇高精神产生一种"价值认同"。在向榜样学习的过程中,大学生作为受教育的客体会逐渐树立起自己正确的价值观、人生观和世界观,进而实现榜样教育"随风潜入夜,润物细无声"的实际效果。

(四) 实践体验与价值感悟法

中国人一向信守"实践出真知"的道理,大学在组织学生社会实践、各种校园活动之后,都会以座谈会、报告会、写心得体会、思想汇报等各种方式使学生进行思考与感悟,每到国庆节、党的生日等重要时间节点,大学里经常组织的主题征文、主题演讲等活动也是价值感悟法的具体运用,这是包括情感、意志、理想等一系列情感因素的整体性体验,是价值观生成式、融通式的形成过程。这个过程是连接实践体验与价值观形成的关键环节,这个方法是以学生为中心的教育方法,以学生在学校期间所获得的全部教育性经验为主要内容,鼓励青年学生身体力行地参与到实践活动当中,用切实的行动来积累经验,通过对直接经验的价值反思和感悟而达到教育目的,将实践活动与价值感悟相结合,增强了学生在情感上的共鸣和价值观升华。

二、美国大学价值观教育的主要方法

美国大学通过社会学习法、价值澄清法、公民行动法、阅读经典文献法、道德两难质询法等方式,帮助学生形成思维模式,引导学生自主建构用以规范自我行为的价值规则,学会如何处理价值问题以及依据什么处理价值问题。在教学方法上强调培养学生尊重个人、宽容差异、保护环境以及道德上的诚实。[1] 这里只介绍目前美国大学在课堂教学中比较流行和通用的几种方法。

(一) 两难问题法

纵观西方思维发展的历史,整个西方文明建立在对形而上学的追求和理性的反思基础上,每一次文明的进步都是以对前人的反思和批判为前提。美国大学在课程设计和办学宗旨上都将批判、反思作为重要的品质加以培育。美国大学同样注重为社会输送社会性较强的人才,为青年在正式进入社会之前做适当的预热。社会性作为人的本质属性,现代社会中各部门分工逐渐精细化,加强人与人之间的沟通、协作是新时代人才的必备属性。因此,对真理的大胆假设、小心求证所必需的批判精神和在团队中具有凝聚作用的合作精神都是被美国大学校园视为重点的精神特质。两难问题法是教师在教学过程中先假设一个价值两难问题,围绕该问题让学生自行收集材料,在对材料加以整合、归纳、提炼的基础上,运用批判性思维方式进行思考。在学生充分占有相关材料的基础上,课堂上用专题讨论的形式,教师站在宏观的角度对学生的思考进行

---

[1] 迈克·马丁. 美国的工程伦理学 [J]. 自然辩证法通讯, 2007 (3): 106–109.

判断。两难问题通常是没有固定答案的，目的在于锻炼学生的思维能力和合作精神，并且在对问题的思考中让理论更多地联系实际，这种开放式的讨论方式不会固化学生的思考，在教学过程中引起了良好的反响。两难教育方法的采用是为了教会学生如何面对相互对立的道德基本价值观，如"如何看待公平正义""道德悖论""二律背反"等问题的设置，尽管不会得到终极的答案，问题也许对学生来说过于困难，但是这些问题的思考都会随着学生思维的成长而形成更加深刻的认识。

（二）情境创设法

创设尊重、接纳、真实的教学环境能够在有限的教学条件下提升学生的价值情感体验。情境创设法关注的是学生的价值感受，容情于境、以境触感，在特设的矛盾情境中用困境激发思考、激发学生的参与感，通过引发学生认知失调来激发价值探索。多数伦理学和哲学史课程都比较抽象，学习这类课程的学生很难有机会把所学知识与实际生活联系起来，通过创设更加真实的教学环境，可以帮助学生学会更深刻地思考实际的价值问题——如何就某个问题做出推理、推理的结果是什么、不同行为选择的原因是什么、不同行为对他人有何影响。通过展示如何严谨地分析问题、哪些论据更具说服力，有能力的教师便能帮助学生形成并强化严谨、有原则地处理价值问题的能力。"创造一种情境，让学生感觉自己置身于舒适区之外（理性之内），并面对强化教育价值观的情境。这样做将使学生熟悉检查和理解不同的观点——这对于培养更大的成熟感非常重要。"[①]

（三）名著教育法

尽管现代社会与传统社会相比发生了深刻的变化，但是有许多议题

[①] Putting Back Values in Education [EB/OL]. (2003-04-08) [2019-04-23]. https://www.goconqr.com/en/blog/the-importance-of-teaching-values-in-education/.

依然是支撑现代社会形成的重要命题,如人性、真理、正义、英雄主义、友谊、灵魂等与当代生活有极大相关性的问题,甚至对这些议题的讨论都经久不衰,包含着引领当下人类走向更美好状态的可能性。因此,美国大学非常重视对经典文献的阅读,认为阅读经典文本可以促进学生形成更健康的价值观。教育学家赫钦斯曾说:"一个从来没有读过西方世界里任何伟大的书的人,怎能称得上是受过教育的呢?"[①] 名著教育在美国大学被看作新教精神的世俗延续,就像早期的新教主义抛弃了中世纪宗教的权威和哲学,而提倡每个人对圣经有不同理解一样,现代的名著教育也反对著作中权威性的东西,而注重阅读那些能够最充分地揭示西方人历史心理和民族特性部分。即便是这样,名著教育和美国大学坚持的现代民主教育实际上也是互相排斥的,如同宗教教育一样,这种名著教育究其实质仍是要把文化遗产介绍给青年学生,使他们能够继承、适应和传递社会既有价值观,引导学生接受一种公认的关于"善好"的观点,使这些共同的信念永存不朽。

第四节 中美大学价值观教育途径与方法的差异性与原因分析

由于有不同的发展历程、不同的哲学和理论基础,服务于不同的教育目标,承载着不同的教育内容,中美大学价值观教育在方法的使用及途径的选择上呈现出了更加明确的分野。

[①] 华东师范大学教育系,杭州大学教育系. 现代西方资产阶级教育思想流派论著选[M]. 北京:人民教育出版社,1980:207.

一、中美大学价值观教育显性课程的差异性

中国的思想政治理论课与美国的通识课程虽然都是价值观教育的主要渠道，中国的"课程思政"与美国的多学科渗透的教学设计也有异曲同工之妙，但是二者之间还是有明显的差异性。

第一，课程的性质与功能存在差异。在中国，思想政治理论课的基本功能是"思想政治教育"，是"党的教育方针的具体体现，是社会主义大学的本质特征，是党和国家事业长远发展的根本保证"[1]。因而思想政治理论课带有明显的意识形态性、政治立场和社会属性，社会主义核心价值观是蕴含其中的重要内容。而美国的通识教育是相对于专业学习和技能传授而言的，是对高等教育专业化导致人的片面发展的一种纠偏。"通识"的意思就是融会贯通知识，主要是智育层面的教育，是对知识的拓宽和优化。美国的通识教育课程往往是淡化其意识形态性的，虽然说通识教育课程中包含了很多与价值观教育相关的内容，通过扩展学生的知识视野和人文精神养成达到了培养学生的理性思考能力和辨别事物内在价值能力的目的，但其意识形态性内容和要求是隐性的、渗透性的。中国的"课程思政"是一种有意识地将思政元素加入专业课程中的新举措，相对而言，美国的多学科渗透的自发性和随意性就要大得多了。

第二，课程的学科归属和内容要求不同。美国的通识教育课程本质上是不同于专业课程而又弥补专业课程过于条块分割的不足的"智育课"，而非"思想课"。高校思想政治理论课属于马克思主义理论学科，有明确的学科归属，只是在课程内容上，人文社会科学方面与通识教育

---

[1] 中共中央宣传部. 教育部关于进一步加强和改进高等学校思想政治理论课的意见 [EB/OL]. 中国政府网，2005-02-07.

有交叉的地方。"高等学校党委要切实负起政治责任,加强对思想政治理论课的领导。"① 我国的思想政治理论课由国家教育部门统一管理和指导,有统一的教学大纲和统编教材,有明确的教育理念、目标和要求,是学生的必修课。而美国通识教育的内容安排有很大的自由度,在教育高度分权的条件下,各个大学可以自主灵活设置课程内容、课程形式等。在选课方式上,有的大学要求学生在规定的系列课程中进行选择,有的大学采取指定的方式。学校自主设置,学生自由选择,课程内容也非常自由宽泛,多由专业教师自主开发和承担。

二、中美大学价值观教育隐性课程的差异性

中美大学价值观教育在隐性课程上具体的差异性有很多,但归根结底都源于三个主要原因,即大学校园的价值文化生态、隐性课程的组织力量和师生观。

(一) 中美大学校园里的价值文化生态存在差异

中国大学校园的价值文化生态是一种自觉的、有组织的价值生态,社会主义核心价值观作为一种主导性力量规范和调节着多样化的校园文化与多元化的价值观之间的秩序与关系,为大学的整个校园文化氛围定下了基调,即便是形式多样的隐性课程也充满着价值自觉的教育活动。中国大学中的文化活动、社会实践等隐性课程都紧跟"社会主义核心价值观"这一鲜明主题,坚持"立德树人"的价值导向,坚持与社会发展同频共振,唱响新时代的主旋律,弘扬正能量。

美国的大学校园在文化多元与价值观多样性上呈现出一种自发和自

---

① 中共中央宣传部. 教育部关于进一步加强和改进高等学校思想政治理论课的意见[EB/OL]. 中国政府网,2005-02-07.

为的样态。作为一个移民国家，美国社会是一个多元文化的"沙拉碗"，美国的大学校园也是多元文化碰撞、交融的聚集之地，绝大多数校园无条件地接纳和包容了社会中存在的绝大多数文化元素与价值观念。美国的大学更愿意把自己定位为传播知识和科学研究学术机构，似乎不认为自己负有价值导向的责任和义务，更愿意保持"价值中立"的立场，对多样价值观和文化既不做取舍也不特意进行规范和约束。尽管在这种"相对主义"价值氛围的表层下面，实际上存在着某些特别强势的价值观或特别带有普遍性的价值倾向[1]，但总体来讲美国大学在价值观生态上很像一种价值观的"自由市场"。无论是教师、管理者还是学生，在课堂或公共场合都可以"自由"地按照自己所信奉的价值观生活和做事，这些价值观彼此之间是"平等"的，没有哪一种文化或价值观称得上强势的或者主导的，因而这是一种具有"相对价值标准"的文化生态。

（二）中美大学价值观教育隐性课程的组织力量存在差异

在这样的文化生态里，美国大学价值观教育的隐性课程显现出了"自发"的特点，自主性、延展性、渗透性、灵活性凸显，组织性、统一性、建设性不足。他们认为，如果对校园文化活动进行正式管理会使其价值大为降低，因为这些活动的价值就在于它们是学生自发地组织起来的，课程与课外活动的差别在学生的心目中就是责任与娱乐的差别。美国大学认为想让年轻人永远像热爱体育运动一样热爱学习是不可能的，相反，在适宜的学校氛围中有可能将学生对课外活动的某些热情引入学习中。这种自发甚至放任的态度一方面保护了学生参加活动的热

---

[1] Rob Reich. Bridging Liberalism and Multiculturalism in American Education [M]. Chicago: The University of Chicago Press, 2002: 8.

情,另一方面也带来了很大的局限性,这些活动很少能从本质上帮助大学生形成全局性的价值观念,都是一些零碎的、分散的、易变的、与直接经验相关的价值观。美国大学隐性课程组织上的"自发性"源于美国的高等教育组织体系中,美国联邦政府与大学机构之间没有直接的隶属关系。由政府或社会力量资助的教育委员会、行业协会、基金会等高等教育组织众多而活跃,它们作为"第三部门"将国家指导性政策和学校教育衔接起来,在推动价值观教育的施行和改革方面起了政府和市场起不到的作用。各级各类行业协会在美国高度分权和分散的高等教育系统内起了一定程度的沟通和协调作用,但因其组织松散,高度灵活,立场各异,所秉持的理论与观点经常会有不一致甚至冲突之处,造成很多教育政策和指导意见无法真正落实到教育活动当中,价值观教育的协调性、连贯性和实效性受到很大影响。

中国大学里的共青团组织和学生工作部门是价值观教育隐性课程的重要组织力量,在大学党委领导下,以团委为核心和枢纽,以学生会组织为自我教育、自我管理、自我监督、自我服务的主体组织,以学生社团及相关学生组织为外围延伸手臂。在班级建团、宿舍建团、社团建团、网络建团,覆盖面广泛而多重,是大学生群体中非常重要的青年组织。[①] 共青团组织充分发挥政治、组织功能及学生会、学生社团的主体优势,在校园文化环境建设、校园文化活动组织、大学生社会实践和公益活动中起着重要的价值导向作用。中国大学的学生工作部门和思想政治辅导员在日常思想政治教育中起了非常重要的作用,在学生的日常行为管理、心理健康教育、学风建设、就业创业指导等方面也进行着重要的价值观教育。虽然中国大学的价值观教育卓有成效,但也存在功能不

---

① 高举团旗跟党走,奋力实现中国梦——共青团十七大报告摘要[N].中国青年报,2013-6-18 (03).

均衡的问题,作用范围更多地关涉社会公共生活领域,在社会性功能中比较强调政治功能,在个体性功能中比较强调个人德性的培养,对多层面人格培养有所忽视,追求价值观教育的显性和即时性,对价值观教育的隐性和长期性重视不足。

(三) 中美大学价值观教育的"师生观"存在差异

大学教师是价值观教育的直接实施者,他们在教育过程中的身份和角色对价值观教育途径的选择、微观场域的设计和教育方法的运用都有着重要的影响,造成了中美大学价值观教育实施层面上的差异。学生观是指教育者对学生群体性质特点的理解、认识和评价,反映了教育者的立场和视角,关系到教育者对学生采取怎样的教育策略,决定着教育理念和教育实践,学生观不同决定了不同价值观教育过程中认为学生是什么样的人,以及要把学生培养成什么样的人的不同。

首先,中美大学价值观教育的"教师观"存在差异。中国大学中的教师是作为社会价值观的代言人而存在的,对学生形成正确的价值观负有重要责任。习近平总书记指出:"一个人遇到好老师是人生的幸运,一个学校拥有好老师是学校的光荣,一个民族源源不断涌现出一批又一批好老师则是民族的希望。"[1] 大学教师忠诚于党和人民的教育事业,努力完成立德树人的根本任务,在大学生社会主义核心价值观教育方面承担着重要的任务,就像列宁所说的那样:"我们应当既以理论家的身份,又以宣传员的身份,既以鼓动员的身份,又以组织者的身份'到居民的一切阶级中去'。"[2] 中国的大学教师既是理论工作者又是教育工作者,他们要帮助学生获得价值认知,深入理解价值观理论,能够

---

[1] 习近平. 做党和人民满意的好老师——同北京师范大学师生代表座谈时的讲话 [N]. 光明日报, 2014-09-10 (02).

[2] 列宁全集: 第6卷 [M]. 第2版. 北京: 人民出版社, 1984: 79.

做出正确的价值选择，不仅要传播知识、传播思想、传播真理，还要塑造灵魂、塑造品行、塑造人格。与中国大学不同，美国大学的教师将自己的角色界定为价值资源的提供者，是价值观争议时的论坛主持人，是课堂上思维方法和思维能力的教练员。"在教师与学生的反思关系中，教师不要求学生接受教师的权威；相反，教师要求学生延缓对那一权威的信任，与教师共同参与研究，探究学生所正在体验的一切。教师同意帮助学生理解所给建议的意义，乐于面对学生提出的质疑，并与学生一起共同反思每个人所获得的心照不宣的理解。"① 他们保持的是一种价值中立的超然立场，通过对实际问题的分析使学生自己得出结论，不给学生提供现成的答案，当然他们也并不认为自己对学生的讨论结果负什么责，因为他认为价值观本身具有相对性、易变性的特点，在价值判断上不应该存在一个普遍的永恒的标准和原则。博克曾告诫大学教师们，所谓"标准答案"是对学生思维的固化，背离了教育的本质，应当期望讨论过程本身能够培养学生自己驾驭价值问题的能力。因此，在教学过程中，学生是中心，在美国大学的价值观教育中教师的角色类似于一个引导者和旁观者。

其次，中美大学价值观教育的"学生观"也存在差异。中国的大学通过价值观教育把学生培养成具有理想文化特征的人。中国认为大学生正处于价值观形成和探索的时期，需要通过价值观教育帮助他们认同和践行社会主义核心价值观，积极为国家和社会做贡献。同时，大学生的思想行为处于不成熟、不稳定的状态，他们的思想、经验和阅历都不足以使他们应对和识别不利于社会稳定和健康发展的价值观念和社会思潮，大学有责任告诉学生在社会中提倡什么样的价值观，反对什么样的

---

① 小威廉姆·多尔，后现代课程观 [M]. 北京：教育科学出版社，2000：227.

价值观。因此，帮助学生认同正确的价值观，并在将来的社会生活中身体力行是中国大学价值观教育责无旁贷的任务。与中国大学有目的地培养符合社会价值要求的人不同，美国大学要培养的是学生在文化认同和价值取向上的"未完成性"。"多元文化教育的自由主义理论不主张赋予学生任何特定的文化认同，而是把学生作为一个未完成的、演化中的、能够发展自我管理能力的人。"① 美国大学培养学生面对社会问题的审议与协商能力，价值观教育通过多种方法和途径为学生提供批判性探讨和建设性审议社会问题的机会，并在这一过程中不断鼓励学生思考和澄清个人价值观。他们认为，现代社会的发展和变化太快，与其教给学生固定的价值原则，不如帮助学生获得"批判的思维"。

三、中美大学价值观教育方法的差异性

中国大学的教育方法追求的是个体对社会倡导的核心价值观的接受和认同，方法上的理论讲授法、案例教学法、榜样示范和价值实践感悟法都是为了实现对核心价值观的认同与持守。在教育过程中有明确的价值要求和价值标准，遵循系统的指导原则，教育方法的选择和运用都经过认真规划和设计。中国大学的价值观教育认为个人的发展只有在社会的发展中才能实现，因此所运用的方法都是服务于帮助学生接受并认同社会基本价值理念，并通过实践与感悟内化为个体价值信念。与中国大学常用的解释、说明、启发、理解等教育方法不同的是，美国大学强调价值观形成的动态发展过程，注重思维训练。美国大学教育方法的特点归纳起来就是"程序中性"，价值标准是相对的，指导原则是抽象而模糊的。无论是两难问题法、情境创设法还是名著阅读法，其核心都是在

---

① Rob Reich. Bridging Liberalism and Multiculturalism in American Education [M]. Chicago: The University of Chicago Press, 2002: 8.

鼓励学生对话和参与,帮助学生形成一种对于价值观的"批判性的确认"。他们认为价值观的生成是学生作为个人自主选择和感悟的结果,"引导学生独立、审慎地思考复杂的现实价值冲突,进而探索、发展理性的价值观念和价值态度,做出自主的价值评价和价值选择"①。

总之,美国大学以对话为主的价值观教育方法强调个性和理性,中国大学以教导为主的价值观教育方法倾向于认同和共识。两种价值观教育理念和方法各有优势和不足。对话的优势在于能够在互动中激发学生的主体性,使学生在形成价值观的过程中具有创造性、自主性与个性,另外对学生价值观念形成过程的动态性关注也很符合个体价值认知水平螺旋式上升的心理秩序。不足之处在于,美国大学价值观教育秉持的相对主义态度和"自由民主"的文化氛围对"权威"的过度回避,缺乏导向性,难以实现"超越性"的价值追求,价值标准的缺失和价值引导上的犹豫,使其在达成价值共识和统一的文化思想上进退维谷、无所作为,最终带领大学生走向了价值相对主义与价值虚无主义。中国价值观教育方法的优势在于一贯重视并坚持引导学生在核心价值观上达成共识,以教导为主的方法对引领和强化价值认知有较高的效率和明显的效果。不足之处在于对价值理性培养重视不够,给予的空间不足,"证明"过程有余而"理性"过程不足,个体需要在价值观生成中的基础性作用被轻视,容易导致价值认知转化为价值行动的过程中缺乏足够的动力支持,虽然这个问题已经有所转变,但转变的速度仍然滞后于中国的社会转型与人的主体性解放的速度,"个体的理性力量、个性和创造性不能充分体现"②。

---

① 吴亚林. 价值与教育 [M]. 北京:北京师范大学出版社,2009:32.
② 杨柳新. 大学的价值观教育与文化认同 [J]. 北京大学教育评论,2008(10):107-124.

<<< 第五章 中美大学价值观教育途径与方法的差异性

　　需要特别说明的是，上述分析做的是一种具有"理想类型"意味的区分，实际上美国的名著阅读法是一种回归古典价值观的、带有教导性质的教育方法。中国大学在近年的教学改革中也在尊重学生主体性方面做了很多努力，在案例教学法、实践感悟法中也体现了教师与学生的互动关系。本部分将中美大学价值观教育方法概括成教导为主和对话为主，目的是着眼于描述中美两国大学价值观教育方法在总体特征上的差异，突出基本的区别而进行类型化描述。

165

第六章　中美大学价值观教育的评价及启示

无论教育形态多么大相径庭，价值观教育都是统治阶级的统治在教育领域和思想领域的体现和延伸，都是对社会政治、经济和文化发展要求的具体反映。中美大学价值观教育既有各自的长处，也有各自的缺憾之处。"我们把视线转向美国，并不是为了亦步亦趋地仿效它所建立的制度，而是为了更好地学习适用于我们的东西。"① 本部分通过对美国大学价值观教育的批判性反思和对中国大学价值观教育的客观省察，推动中国大学的价值观教育走向一个新的高度。

第一节　对美国大学价值观教育的批判与借鉴

美国教育史家雷热森在《20世纪的美国教育》一书的导言中直言："在令人骄傲的成绩和面临的批评之间存在的张力始终是20世纪美国教育的突出特征。"② 无论在推进民主、稳定社会秩序方面，还是个人修

---

① 托克维尔. 论美国的民主（上）[M]. 董果良，译. 北京：商务印书馆，2000：3.
② Lazerson M. American Education in the Twentieth Century [M]. New York: Teachers Colleges, Columbia University, 1987: 1.

养、精神生活方面，美国大学的价值观教育都起了应有的作用，同时也存在着大量难以解决甚至无法解决的问题。美国大学价值观教育在不同时代境遇中所进行的争论和选择给我们提供了可资品味的历史镜鉴和域外文化参照。

一、美国大学价值观教育的主要特点

美国作为世界上最发达的资本主义国家，在多年的发展中已经形成了一套符合美国社会发展要求，维护美国意识形态的大学价值观教育体系。虽然因为社会制度、历史文化、教育理念的不同，美国的大学价值观教育在教育目的、原则、方式方法上都与中国有着本质的差异性，但是客观总结美国大学价值观教育的主要特点对于正确认识我国大学价值观教育、推动其更好地发展具有重要的现实意义。

（一）把反映资本主义意识形态的核心价值观包装成普世真理传递给学生

美国大学价值观教育将反映资本主义意识形态的"民主、自由、平等"等核心价值观的教育以一种内隐的方式，广泛地、"毋庸置疑"地、"不辩自明"地贯穿于整个教学过程和全部教学内容之中。"意识形态成功的地方就是让大家觉得它根本不存在，一切都是自然的、天生的……这就是意识形态，它的一大功能，就是把人为的、历史的、部分的人的理念和行为，解释成为自然的、永恒的、普世的真理。"[①]

第一，经过多年的强化，个人主义价值观已经内化为学生的基本价值判断。美国大学价值观教育的政治功能在于将反映资本主义意识形态的个人主义价值观传输给学生，使其成为合格公民，在这方面美国无疑

---

① 理查德·尼克松. 真正的战争[M]. 长铮, 译. 北京：新华出版社, 1980：23.

是成功的。美国的大学生已经非常自觉地将个人主义作为其社会生活的认知基础和价值信念，他们相信个人利益是至高无上的，他们在社会生活中崇尚独立，强调个人权利和价值。更为成功的一点是，他们还使这种心理倾向外化为稳定的政治态度和习惯性的政治行为，从而实现了达到美国社会发展客观要求的政治社会化过程。

第二，将对民族优越感的培养作为资本主义核心价值观教育稳定的心理根源。通过清教精神的影响，使得学生们笃信美利坚民族是"上帝选民"和"天定命运"，对美利坚民族的优越感坚信不疑，笃信美利坚民族是世界上最聪明、最勤奋以及道德观念最强的民族。"美国在发展上的成功又使美国人将他们的价值观绝对化，认为那是世界上最完美的价值观"①，雄厚的经济、科技与军事等硬实力成为民主政治价值观和意识形态教育必不可少的物质条件，通过价值观教育培育学生的民族自豪感和制度自信心。作为世界上最发达的资本主义国家的公民，他们有足够的理由去相信那些体现在美国宪法和《独立宣言》中的关于权利的"教义"。在最高价值的问题上没有人追问：这是谁说的？如何证明？因为这些价值体现在每个公民的现实生活中，用课本上的话来说就是：我是一个美国人。我的国家是地球上最自由、最富有和最美丽的土地。我的国旗是纯净的。我的海军是战无不胜的。我的军队捍卫世界的自由……一种纽带把她所有种族的公民联系在一起。这是忠诚的纽带……②

第三，通过对"美国精神"的传播和认同，强化了自由、民主、平等的公民价值观。美国仅用了一二百年的时间就快速崛起为全世界无

---

① 刘建飞. 意识形态在美国外交政策中的地位 [J]. 美国研究, 2001 (2): 70-86.
② Derek Heater. A History of Education for Citizenship [M]. London; New York: Routledge Falmer, 2004: 119.

人匹敌的世界超级大国，通过美国发展史教育提升了学生的优越感和自信心，使学生们确信自己的民族文化、价值理念以及政治制度是世界上最完善、最优秀的。"美国精神"中蕴含的自由、平等以及民主、人权等思想实现了很多美国人的"美国梦"，使学生对资本主义社会制度和资本主义价值观坚信不疑，进而在大学价值观教育的强化下转化为坚定的政治立场和政治态度，巩固了美国这个以多元化为特征的社会结构，客观上促进了美国稳定的政治局面。

（二）美国价值观教育课程具有整体性、多元性和隐蔽性特点

美国的价值观教育涵盖知识与能力、个人与社会、共识需求与多元分化等诸多范畴，在这些范畴的张力与交互关系中，通识课程能够成为价值观教育的主要路径，是有其特殊原因的。通识课程的整体性、多元性和隐蔽性特点值得我们关注和思考。

第一，从教育目标来看，通识课程中的价值观教育具有整体性的特点。"培养完整的人"是通识课程的教育目标。将价值观教育作为贯穿在人文、社会、自然等广泛而多样的课程中的一条主线，有意识地弥合由于学科划分造成的知识割裂与价值分化，努力在更加全整的意义上唤起学生的内在价值意识，促进价值观发展。蕴含于通识课程中的价值观教育既包括宏观上高度抽象的价值哲学，也包括中观上从多个角度展示出的人类社会不同历史阶段跨地区、跨文化的多元价值观念，还包括微观上体育、医药、电子等不同专业领域的职业伦理和价值规范。这些价值观教育内容广泛而且层次分明地分布在诸多课程当中。通过课程的学习，学生们既能够在抽象思辨层面了解价值观念的基本概念和思维方式，又能够以包容、尊重的态度理解不同国家、不同信仰、不同文化中的多样的价值观形态，也能够形成与个人发展直接相关，用以指导个人

日常生活的道德操守和职业伦理，从多个层面引导学生形成道德智慧，达到培养完整的人的目的。

第二，从教育内容来看，通识课程中的价值观教育具有多元性。容纳多元文化元素是美国通识教育一项"政治正确"的课程标准。美国的核心价值观包括带有资本主义性质的民主、自由、公正、个人主义等，在社会生活中又衍生出诚信、多元、质疑等一般价值观。此外，作为移民国家，美国不断接纳多种族带来的多元亚文化。正是由于意识到多元价值观念无法回避，美国大学于是以更加主动的姿态接纳并努力寻求融合。通识教育对文化多元的承认，看似有悖于达成共识，但实际上是在培养学生的价值包容心态和自觉文化意识，是与自由、民主等核心价值观相匹配的理解、尊重、共存等价值意识，是对多元与共识之间平衡智慧的一种探索，为学生们将来走向更大范围的文化对话提供了一种示范。

第三，从教育方式来看，通识课程中的价值观教育具有隐蔽性。美国大学的教育体系中并没有设置专门的思想教育和价值观教育课程，但是却将价值观教育的任务赋予内容广泛的通识课程，充分挖掘多学科领域中蕴藏的理论传统和价值观教育资源，拓宽价值观教育渠道，丰富价值观教育内容，将价值传递内化在知识教授中，将价值引导体现在议题中，将价值能力培养贯彻在思维训练中。

(三) 美国价值观教育致力于为学生的终身成长做准备

受美国实用主义影响，美国大学的价值观教育非常注重实用性，期望学生们在大学受到这种教育之后能够一生受用。

第一，为学生提供了广泛的学科背景，使这些基本的价值观念能够成为未来学生价值观发展的生长点。明智的价值判断必须以广泛的世界和历史知识为依据,批判思维的培养也必须以充分完备的知识为基础,否则就是空穴来风、无本之木了。美国大学中的通识课程、多学科渗透、名著导读课等,无一不是在增进学生的人文素养和科学精神中培养价值观。如果学生见得不多、识得不广,在众说纷纭的价值观问题面前容易受到社会俗流的误导,接受肤浅的观点,而学养厚实的学生就不会轻易接受别人的观点,随时乐意参与讨论,从讨论中汲取灵感充实自己的思想,而不是随着纷争的意见左右摇摆。为了培养具有整体视野的知情公民,通识课程的内容尽可能涉猎广泛,价值多元,所涵盖的理论、概念、材料等精准而全面,为学生未来做出价值判断和决策打下基础。通识课程一般不追求课程内容的专业深度,而是尽可能地为学生提供多学科的、一般性的、多元、多视域的价值观念,打破了专业的条块分割,让学生看到人类知识的全景,从而引发进一步的思考,进行更深层次的探索,培养有创造性和社会责任心的合格公民。

第二,培养学生的核心能力以应对未来多变的社会。美国作为发达的资本主义国家,两党轮流执政、文化多元的社会场域决定了大学培养出来的人必须是有独立思考能力的人,大学毕业之后才能应付复杂的社会环境,保持自身的独立成长。美国大学对价值核心能力的培养主要包含四种能力,即定量推理能力、分析表达能力、批判反思能力和独立与合作研究能力。这四个方面互相贯通、相辅相成,综合构成了价值判断能力。通过价值判断能力的培养,帮助学生在相互冲突的价值中进行评价和选择,将价值判断的权利交给个体,这也契合了美国个人主义、民主、自由的政治价值观。

第三,审慎挑选讨论议题,加强训练思维。为了培养政治体制所需要的公民,美国大学在选择供学生思考的议题素材时特别注意选择那些真实的生活世界里发生的,有利于促进学生反省思维、批判思维的素

171

材，还要考虑对这些问题的批判性分析能否带来及时的行动。这种审慎的议题选择避免了"人造"情景的生硬，引导学生从批判的视角、从他者的角度来看待各种社会问题，以减少偏见，培养学生的移情和共情能力，最终将学生培养成理性而明智的公民，有能力对社会问题进行实用性的、建设性的思考。

二、美国大学价值观教育的固有矛盾

美国大学在价值观教育上有着自己的悖论，正是这种悖论导致了一系列难以解决的固有矛盾。

（一）个人主义与社群主义的争执

个人主义要求"小政府"，将政府干预当成对于个人自由的侵犯，社群主义者虽然也警惕政府权力的滥用，但是认为积极的政府干预可以促进国家经济发展、改善社群生活。美国核心价值的这种二元性导致了美国"分裂的政治心灵"，平衡这种张力的努力塑造了独特的"美国性格"。美国社会个人主义与社群主义的争执直接投射到大学的价值观教育之中，是价值观教育本身无法解决的困境之一。

美国大学价值观教育高扬个人主义的价值观，只根据自由来界定美好的人生，无视人的社会性，将人类看作独立的粒子的集合。这是一种对个人选择自己的生活方式的绝对权利和自由的信仰，但是这种个人主义常常使美国大学的价值观教育陷入因过分强调个人权利而无法寻求社会价值的矛盾之中，将大学推向一种"脱域"的自我，而走入一种"个人主义的困境"。奉行个人主义的价值观教育崇尚个人的价值、尊严和自主，强调权利而不是责任，强调自由而不是义务，蔑视权威，反抗社会的制约。这种个人主义的价值观教育单方向强调个人的权利和自由，培养学生成为"没有社会规定性的自我"，必定会引发社会价值共识的困境。每个人皆固守着自己的家园，不去打扰别人，这样的人生仅仅是消极意义上的共同体。粗糙的个人主义不足以形成民主社会，民主也是为了共同的美好而友爱和合作。

社群主义者埃茨奥尼批评了激进个人主义，主张用社群精神彻底改造社会无政府状态和持久价值混乱的美国社会。对于社群主义来说，个人是社群的一部分，社群是其价值的源泉，个人不应以自我的价值作为唯一的价值，而应追求社群的共同的善或价值。[①] 需要注意的是，美国社群主义寻求的"共识"与我国寻求的社会价值共识是有差异的，社群主义的价值共识仍是一种文化多元论的立场，强调的是在特殊社群内的价值一致性，由于不同的社群有不同的思想传统和利益要求，因而是含有多种价值谱系的共识。多元的文化事实和历史的限制使得即便完成这样一种任务也是艰巨的，美国大学只能将公共理性建立在多元价值对话的基础上，努力寻求一种超越特殊文化立场之外的，而且是最低限度的价值共识。由于美国大学也意识到把人同社会分离开来是错误的，因此必须抵挡那种只根据个人潜能的实现来诠释美好人生的倾向或者诱惑，将个人主义与关注一己私利的人生观区分开来。比如美国哈佛教育委员会就非常关注"自由社会中教育的目标"，他们意识到，自由社会的理想中既包含着自由的价值，也包含着社会的价值。民主社会是由自由人组成的共同体，在自由的价值观与社会生活之间不断调适。民主制是自由和忠诚的混合体，它们既互相牵制，又互相加强。[②] 这种主张在美国大学的价值观教育中得到了一定贯彻，反思和修正个人主义膨胀和

[①] 郑富兴，高潇怡. 道德共识的追寻 [J]. 外国教育研究，2004 (11)：30-35.
[②] 哈佛委员会. 哈佛通识教育红皮书 [M]. 李曼丽，译. 北京：北京大学出版社，2010：40.

价值虚无带来的危机，但是这种反思和修正只能是有限的、不彻底的。

（二）私人领域价值观教育与公共领域价值观教育的割裂

公民价值观教育与道德价值观教育两种教育路径的分野，实在是当代美国大学价值教育中一个奇特而又无奈的现象。道德价值观存在于私人领域，是个体的、多元的，道德价值观教育基于个人道德自觉，要求学校保持一种克制的、中立的立场。而公民价值观存在于公共领域，是政治的、社会性的，公民价值观教育基于社会广泛的价值共识，要求学校持有一种政治的、公共精神的态度。道德价值观教育以捍卫个体自由为圭臬，崇尚价值观的多元化、个性化，公民价值观教育则意图达成某种共同的价值观，追求意志的统一。道德价值观教育对私人领域、个体自觉过分强调，在个体行为上诉诸最低限度的规范约束，在事实上造成了个体价值观在公民价值观中的缺席，使大学的价值观教育丧失了个体超越和价值引领的功能，助长了价值相对主义和道德虚无主义。就像杜威说的："一个人光做好人还不够，他还必须做一个有用的好人。所谓做一个有用的好人，就是他能生活得像一个社会成员，在和别人的共同生活中，他对社会的贡献和他所得到的好处能保持平衡。"① 个体价值与社会价值、私人领域与公共领域之间分行对立，一个好公民却并不一定是一个好人，政治上正确的个体不一定是道德的。个体之善与公共之善彼此割裂，"好公民"与"好人"彼此分离。② 美国大学的价值观教育在这个悖论中陷入了理论和实践的两难境地，于是导致了价值观教育的内容既不能太有实质性，又不能太稀薄。教育内容太有实质性，容易

---

① 约翰·杜威. 民主主义与教育 [M]. 王承绪, 译. 北京：人民教育出版社，2001：378.
② 杨威. 好公民抑或好人？——当代西方学校价值教育的路径与困境 [J]. 外国教育研究，2016 (6)：105-118.

被视为是绝对主义和专权，这与美国的自由、尊重人权的价值信念是相违的；太稀薄，又不足以发挥其价值引领的功能，无法维护公共价值观的基本框架。随着宗教道德价值观教育被日益边缘化，公民价值观教育被日益政治化，美国大学的价值观教育无法从宗教教义和文化传统中获得价值共识的支撑，也无法从政治法理和世俗生活中取得合法性地位，难以走出在个体价值观与公共价值观之间左右摇摆、进退失据的困境。这就是为什么美国的大学始终不能为学生提供一种连贯的、融通个体道德生活和社会公共生活的价值体系和道德规范。

  进入21世纪以来，越来越多的大学已经意识到促进学生道德价值观与公共价值观协调发展的必要性，"我们能够在关注公共责任教育的同时回避有关道德价值观的争议吗？这是不可能的，因为民主参与的教育本身需要处理这些道德问题。公共责任是与道德价值观问题联系在一起的，高等教育必须促进学生在道德和公民素质方面的成熟，必须在教育过程中直面二者之间的联系"[1]。虽然美国大学试图探索将两者贯通起来，但是仍然无法解决如何为二者确立共同价值框架的难题。"当今公立学校价值教育试图满足对混合公民资格（Mixed Citizenship）的社会需求，它要求每个公民掌握两种不同的道德语言，一种是个体生活领域的私人语言，一种是政治领域的公共语言。"[2] 大学的价值教育如何才能在公共价值教育领域避免极端自由主义，如何在个人道德价值观教育领域避免极端保守主义？如何使二者自然地过渡，顺畅地联通起来？这些都是当代美国大学价值教育自身难以解决的问题。

---

[1] Anne Colby. "Whose Values Anyway?" in William Damon（ed.），Bring in a New Era in Character Education [M]. Stanford：Hoover Institution Press，2002：153.
[2] Kwak Duckjoo. Challenges for Values Education Today-in Search of a Humanistic Approach for the Cultivation of the Virtue of Private Citizenship [M] // Aspin N D，Chapman D J. Values Education and Life long Learning. The Netherlands：Spinger，2007：148.

(三) 价值立场的犹豫导致美国大学价值观教育的合法性危机

美国大学价值观教育上个人主义与社群主义的争执、道德价值观教育与公民价值观教育的分野，使得以自治和竞争为特点的美国大学在价值观教育立场上变得暧昧和犹豫，对于价值议题有意采取悬置态度，把"价值中立"当作可以回避价值冲突的挡箭牌，刻意保持独立，宣称捍卫公民精神自由的政治自由主义立场，却在大学的价值定位、价值取向上犹豫不决，对教育价值取向问题自我逃避和自我放逐，将教育的责任交给教师自觉或者留给社会组织。"有时候我们给了学生选择权，却没有给他们提供做出明智选择所需要的帮助。"① 任由个人主义和相对主义在大学精神文化中蔓延。实际上，价值观是大学精神文化结构中不可或缺的组成部分，大学教育在事实上是不可能没有自己的价值立场的，师生交往、共同爱好聚集的学生组织和社团、校园同辈群体亚文化都在传递价值观信息。而美国大学这种故意回避实质价值观的形式主义教育理念，即便培养出了具有核心技能社会精英，却在帮助他们解决动机问题上主动缺席，无所作为，"无法帮助他们面对当代公共和政治生活中各种充满冲突的现实，从而不能保证他们献身于社会的公共利益"②。

价值立场的模糊给美国大学价值观教育的主要途径——通识课程体系带来了合法性危机。通识教育本应是大学进行价值观教育的理想课程，由数不清的必修、选修科目组成，大学生的选择似乎相当多元化，但高度分化的课程体系无法体现共同的核心或价值学习的意蕴。很多美国大学采取的扩大课程选择范围的措施，在很大程度上只是为了得到更

---

① 克里夫·贝克. 优化学校教育一种价值的观点 [M]. 戚万学，等译. 上海：华东师范大学出版社，2003：中文版序言.
② Anne Colby. "Whose Values Anyway?" in William Damon (ed.), Bring in a New Era in Character Education [M]. Stanford：Hoover Institution Press, 2002：156.

多学生的欢迎，试图采用学生"自由选择"这一"无形的手"来推动课程发展，但学生的选择五花八门，似乎学到了许多，又似乎没有得到什么应有的价值启示。当大学声称学生将接受广泛的教育或将在其中享受充分的选择自由时，却忽略了这样的问题：学生究竟能从课程中学到什么？通识教育以人文学科为主，其具体课程和素材仍值得推敲。在人文教育中，知识应当以价值为中心并归于价值，而学生往往只记住了一些零散的人文知识却未能形成解决问题的价值情怀和价值立场。这种科学主义的教育心态使人文教育变成了人文知识的机械记忆而非人文问题的自觉观照，就像把钢琴当成了音乐。① 当在教学中涉及社会敏感问题和价值冲突问题时，有些学生显得漠然，在不同的意见面前无所适从，有些学生不加分析地接受偏颇的观点，有些学生坚持狭隘偏执的自我判断，有些学生甚至在某些价值判断上是非混淆。

第二节　中国大学价值观教育的成效及新挑战

改革开放后，特别是党的十八大明确提出培育和践行社会主义核心价值观的要求之后，中国大学在价值观教育问题上有了新的自觉，进行了一系列积极有效的实践，获得了长足的发展。同时，随着社会转型、文化多元、后现代主义等思潮泛起、国际环境风云变幻，中国大学的价值观教育面临着新的课题和挑战。

一、中国大学价值观教育取得的成效

伟大的事业呼唤伟大的精神，中国大学的价值观教育肩负着伟大的

---

① 张祥云. 人文知识的特性及其教育意蕴 [J]. 教育研究，2004 (6)：8-12.

使命,是新时代的铸魂工程,经过多年的努力已经取得了突出的成效。

(一) 以制度优势走出了具有中国特色的大学价值观教育之路

中国特色社会主义制度优势是坚持中国道路的重要前提,是深化中国教育理论的重要资源,是发展中国教育实践的重要保障。随着中国的崛起,中国教育独到的魅力开始被世人关注。习近平总书记强调,"我国有独特的历史、独特的文化、独特的国情,决定了我国必须走自己的高等教育发展道路,扎实办好中国特色社会主义高校。"[1] 当代中国的社会发展、现实主题和时代使命,都决定了我们要走出一条具有中国特色的价值观教育之路。

第一,坚持党对中国大学价值观教育的领导。"构建社会主义核心价值体系的最高责任主体是党和政府。"[2] 在我国,党中央作为一种超越经济的组织力量,在现代化过程中长期发挥着把握全局的作用,坚持党的领导是中国大学价值观教育的鲜明特征。加强党对教育工作的全面领导,是办好教育的根本保证。[3] 通过对中美大学价值观教育的差异性研究我们发现,中国大学的价值观教育之所以取得如此的成就,与党对高等教育的坚强领导是高度契合的,与党长期以来对思想政治教育的高度重视是分不开的,与党提出培育和践行社会主义核心价值观的科学决策是密切相关的。在大学价值观教育中党管方向、管大事、管政策、管全局,坚持了党对价值观教育的政治领导、组织领导和思想领导,保证了价值观教育正确的政治方向,保证党了的各项教育政策、人才思想在

---

[1] 习近平. 习近平谈治国理政:第2卷 [M]. 北京:外文出版社,2017:376.
[2] 黄凯锋. 社会主义核心价值体系的责任主体、路径依赖和结构浅析 [J]. 毛泽东邓小平理论研究,2007 (4):26-29,83.
[3] 习近平在全国教育大会上强调:坚持中国特色社会主义教育发展道路 培养德智体美劳全面发展的社会主义建设者和接班人 [N]. 人民日报,2018-09-11 (01).

>>> 第六章 中美大学价值观教育的评价及启示

价值观教育中的贯彻落实，形成了明确的工作责任制，阵地建设不断加强。事实证明，只有在党的领导下，马克思主义意识形态才能以最快的速度显示出其在实现人类基本价值方面的优越性。

第二，坚定中国大学价值观教育的社会主义方向。扎根中国大地办教育最重要的一条就是坚持社会主义办学方向，这是与美国大学价值观教育的最本质区别，也是中国大学价值观教育的最大特色。社会主义制度自身的优越性决定了它最终一定会超越并取代资本主义制度，中国大学通过价值观教育增强了大学生对社会主义核心价值观的认同，增强了"四个自信"，帮助学生超越眼前可见的社会主义初级阶段相对发展不充分、不平衡之处，更长远地看到了社会主义制度的优势，坚定了共产主义信仰。中国大学坚持马克思主义在价值观教育中的指导地位，将培育和践行社会主义核心价值观作为价值观教育的首要任务，把具有社会主义、集体主义本质的生活道德价值观作为基本内容，价值观教育的方向始终与我国发展的现实目标和未来方向保持高度一致，始终围绕巩固和发展中国特色社会主义制度，主动为改革开放和社会主义现代化建设提供人才支撑。

第三，坚持把社会主义核心价值观作为教育主题，按照中国特色社会主义伟大事业兴旺发达、后继有人的要求，从解决"首要问题"和落实"立德树人"的高度做好价值观教育。社会主义核心价值观是中国共产党人对新时代中国人民基本价值取向的深刻诠释和高度凝练，是人类价值历史中的崭新形态，符合我国现阶段社会发展的客观现实，是集中了时代价值和实践本质的价值选择。习近平总书记在党的十九大报告中强调实现伟大梦想，必须进行伟大斗争。中国每当经历一些重大任务、重大考验，面临艰难困苦的重要关头，都会激起全国人民的空前团结和激昂斗志，而这团结和斗志的背后就是社会主义核心价值观的精神力量。在2020年席卷全球的抗疫斗争中，中国充分发挥了"集中力量办大事"的制度优势，实现了齐心协力、团结一致的"中国之治"，在最短的时间里控制住疫情，在最大限度上恢复生产生活。这里既有国力、科技的支撑，更有深深嵌入中国人内心世界的集体主义价值观和牺牲精神、奉献精神的思想力量。社会主义核心价值观最大限度地调动了人民群众的积极性，最大限度地凝聚共识、汇聚民智、形成合力并高效运行。反观一些西方资本主义国家，由于缺乏具有统领力量的价值共识，整个社会一盘散沙，党派只顾争权夺利，大量民众不顾风险追求所谓"自由"，导致疫情蔓延失控。① 在中国，大学责无旁贷地承担起社会主义核心价值观建设的任务，承担起培育社会主义时代新人的任务，卓有成效地承载了意识形态建设、价值构建和精神动力的重要功能。

（二）建立起了相对完善的价值观教育理论和课程体系

党的十八大以来，中国的大学大大加快了价值观教育改革的进程，特别是在课程体系、教育教学等方面积累了一些值得其他国家借鉴的中国经验。

首先，整体推进了价值观教育的教学、学科、保障等方面的综合改革和创新。马克思主义理论研究和建设工程有计划、有步骤地科学推进，特别是马克思主义理论一级学科的建立，强化了马克思主义理论研究，从根本上保证了马克思主义在高等学校教育教学中的指导地位，"为加强大学思想政治理论课建设，培养思想政治教育工作队伍提供有力的学科支撑"②。有了科学理论的指导，有了最新的马克思主义理论

---

① 肖立辉，石东伟."集中力量办大事"制度优势的根源探究［J］.人民论坛，2020，7（中旬刊）：58—59.
② 教育部思想政治工作司.加强和改进大学生思想政治教育重要文献选编（1978—2008）［M］.北京：中国人民大学出版社，2008：418.

中国化成果为基础,为价值观教育注入了旺盛的生命力。

其次,学生通过有计划、有目的、有步骤、有重点、有系统地学习思想政治理论课,深入理解并掌握马克思主义基本理论以及中国特色社会主义理论体系,形成对党的路线、方针、政策和理论创新成果的正确认识,从而在社会转型期多元价值观并存的态势下,保持清醒头脑、明辨是非,坚持社会主义的价值取向。通过思政课教育讲好中国道理,对中国经验、中国道路、中国理念、中国方案中蕴含的价值观念进行提炼、总结和升华,将讲道理与讲故事统一起来。用正确的价值观是如何促进社会进步和改变社会生活面貌的实际事例,激发大学生对践行社会主义核心价值观重要意义的感性认识;通过展示社会主义在中国的土地上取得的巨大成就揭示科学社会主义历史发展的必然趋势,使大学生不断坚定为共产主义奋斗的价值理想;从中华民族不断寻求独立和解放的斗争史来揭示尊重人的价值和尊严、关注人的利益和发展对人类历史前进的推动作用;通过历史唯物主义观点讲清个人与社会的辩证关系,引导大学生真正接受集体主义的价值观念。

除此以外,网络思想政治教育也有了长足的进步。随着网络技术在中国的快速发展,我国的价值观教育也采取了积极的应对措施,教学手段向着现代化、网络化、多媒体应用的方向发展,网络课程、精品网课、网上公开课等新技术的广泛应用突破了课堂教学的空间限制,变得更加深入、更加广泛、更加细微,极大地提升了教学质量和育人效果。各个大学组织教师团队开发网络课程,高校党委提供经费与政策的保障,网络精品课程不断推陈出新,对社会热点回应迅速,与青年学生形成互动。为了保证网络价值观教育的质量,教育部组织建立了教学资源数据库,高等教育出版社出版了一系列网络课程的高教版国家示范本,实现了全国范围的资源共享。经过多年的建设,已经形成了融纸质教材、网络课程、多媒体课件、数字化教学资源库等为一体的立体化教学资源体系，极大地促进了价值观教育的发展。另外，在主动引领网络、微信、微博等全媒体的舆论导向方面也做了许多可见的努力，引导学生自媒体的规范运行和作用发挥，鼓励创设新媒体工作室引导学生自我教育等。

（三）学生的主体地位得到了更好的尊重

改革开放以来，中国进入了一个更加务实的现代化建设时期，人的地位和价值有了质的飞跃，人的主体性意识开始觉醒，现代化建设时期"以人为本"发展理念的提出，凸显的无疑是人的地位和价值。价值观教育作为一项由人开展，并以人为对象的社会实践活动，尊重人、关心人成为必然的转向。中国的理论研究者和教育者都越来越关注人的价值本性，重视大学生的价值主体性，推动价值观教育向着体现人文价值关怀的方向发展，关注大学生个性品格的发展。强调全过程、全方位育人，在落细、落小、落实上下功夫，强调价值观内化和自主构建过程，重视主体之间的活动与交往，重视价值图式的自主建构，大力推动价值观教育向生活化、开放化、系统化、精细化方向发展。通过主体性、主体间性理论研究推动教学改革，提升课堂教学过程中对学生主体性尊重；大力支持学生为主体的学生社团、公益组织活动、建立学校事务管理的学生民主参与机制；科学创设并不断丰富贴近学生生活和思想实际的价值观教育活动载体，将活动的群众性与先进性结合起来，引导学生自我服务、自我管理和自我教育。总之，大学价值观教育尊重学生的主体地位和个性发展的过程经历了一个生产力解放、人性解放、"以人为本"思想形成的发展过程，已经取得了现实性的成效。

二、中国大学价值观教育的时代要求

党十八大以来,以习近平同志为核心的党中央团结带领全国人民开启了中国改革开放和社会主义现代化建设的新征程。诚如马克思所说:"问题就是公开的、无畏的、左右一切个人的时代声音,问题就是时代的口号,是它表现自己精神状态的最实际的呼声。"① 新的发展境遇给构建具有时代和国情特征的价值观教育体系提出了一系列新的课题,有必要进行深入的思考和积极的应对。

(一)社会发展和经济体制改革为大学价值观教育带来新挑战

中国的伟大变革总是在直面问题中展开,改革进入深水区,速度与质量的权衡、活力与有序的把握都在考验着党的执政能力和国家治理能力,也考验着新一代青年人的理想信念和价值定力。

首先,中国当前正处于社会结构调整期,各种社会思潮空前活跃,各种文化观念相互交织和激荡。社会转型带来文明进步的同时也形成新旧价值体系的断裂。在当前中国社会生活的"价值生态场"中,价值观念不仅因社会转型呈现出急剧多变、复杂多样的特点,而且出现了传统价值观与现代价值观、计划经济价值观与市场经济价值观、社会主义性质价值观和西方资本主义性质价值观等互不兼容的多元价值"共时"同在,在共同的场域中极易发生对撞和冲突,导致社会的失序甚至混乱。除此以外,充满活力的社会主义市场经济走向成熟,逐利思想和实用主义价值观也悄然形成,青年学生对过去较为统一的、理想型的、奉献型的价值行为准则不再毫无保留地信奉,形成了一种具有明显功利倾向的、个性色彩突出的青年亚文化。

---

① 马克思恩格斯全集:第40卷[M].北京:人民出版社,1982:289-290.

其次，我国仍处于社会主义初级阶段，社会转型引发的深层次利益矛盾极易引发社会价值体系的震荡和冲突。经过40多年的改革开放，中国的政治、经济、文化实现了长足的发展，但这并不意味着我国的社会建设已经完备。随着全面深化改革逐渐进入深水区，原有的利益格局不断被打破重组，由贫富差距扩大、社会阶层固化、社会资源分配不公等问题引发的社会裂痕悄然加深，生存体验的焦虑引发了处于人生起步期的大学生群体的价值迷茫，动摇了价值共识的基础。

（二）社会文化多元化对大学价值观教育提出新课题

当今社会多元文化共生已变成现实，对中国社会的价值观体系格局，对大学生价值观念的形成，对大学教育试图达到的目标和效果，都产生了不可估量的影响。

一方面，个体的生存方式和文化选择有了更大的自主性空间。随着改革开放的持续深入，青年学生作为个体的尊严、权利和需要日益得到认可，学生们强烈的生存和发展欲望显著增长，自我意识越加显现，主体性得到了前所未有的解放，学生们试图追求属于自己的文化观念和生活方式，多元文化使学生增强了自我意识和自主意识，学会了对不同文化的尊重和宽容。多元文化诉求以各种方式表现出来，说明在价值主体这个层面上既需要引导和提升，也需要培养基本的文化反思和自我确认能力，这将决定着学生们能否有信心、有能力面对纷繁复杂的世界，选择适合自己的人生态度和价值观念。

另一方面，多元文化也有负面影响，在造成社会凝聚力、向心力下降的同时，也带来价值相对主义、虚无主义和极端个人主义。在美国社会的多元文化中，似乎任何一种观念、文化和生活方式都是合理的、平等的,"多元文化意味着价值的无序"①。多元文化引起了人们的担忧,"文化多元主义带来了分裂,它使美国社会的伦理文化失去了共同的目标和可以分享的价值观"②。美国大学价值观教育的价值多元论否定了价值标准、拒绝了价值共识,造成了现代社会的"价值共识困境",即价值的分化,表现为价值领域的分化、公共价值观和个人道德价值观的区分及终极追求的"个人化"。这样的前车之鉴是值得我们警醒的。

(三)"现代性"与"后现代性"思潮对大学价值观教育提出新问题

不同的发展历程,相同的时空境遇。经历了改革开放以来社会与人的现代性发展后,中国大学的价值观教育也面临着与美国类似的"现代性"甚至"后现代性"问题。对社会主义价值体系建立带来消极影响的同时,也引发了新的思考。

现代性具有打破社会总体性和统一性的力量,在社会生活中形成了一种"分离机制",引发了社会结构领域的分化,使中国大学的价值观教育也不可避免地面临着社会生活领域与个人生活领域的逐渐分化。"现代性把每一个人的生活分割成多种多样的部分,每一部分都有其自身的行为规范与模式。"③中国大学价值观教育快速地走向专业化,也出现了"内卷"的趋势,组织化的价值观教育占据主导地位,对生活领域的辐射较浅,与学生的日常生活日渐疏离。虽然专业化和体系化是现代价值观教育的基本形态,但是越是有生命力的教育越不能离开

---

① 布卢姆. 美国精神的封闭[M]. 战旭英,译. 南京:译林出版社,2011:41.
② Scap R. Teaching Values: Critical Perspectives on Education, Politics and Culture [M]. New York: Routledge, 2003:135.
③ 阿拉斯戴尔·麦金太尔. 追寻美德[M]. 宋继杰,译. 南京:译林出版社,2003:258.

"日常生活"这一最为基础性的作用场域。

后现代主义思潮批判了自启蒙运动以来就一直被推崇的"理性",去中心化和反权威性的特质撕毁了理性主义确立的价值原则。社会大众通过基于个体价值体验的恣意发声反抗权威话语,草根文化冲击精英文化,要求重置一套自我构建的价值秩序,对社会主流价值体系发起挑战。后现代主义主张世界是偶然的、多维的,拒绝接受任何单一的价值,主张多元化、自由性的价值诉求。后现代主义是一种"解构"文化,是一种深层意义上的颓废,这种"只解构、不建构"的思维打碎一切、颠覆一切、消解一切,使得一部分青年人丧失理想、失去追求,陷入空虚的境地,最终走向价值虚无。多元价值取向的对抗和分立使得社会大众的价值依归成为难题。

(四)当今世界"百年未有之大变局"对大学价值观教育提出新要求

无论是过去还是现在,资产阶级与无产阶级都有着根本上的对立。列宁说,"对于社会主义思想体系的任何轻视和任何脱离,都意味着资产阶级思想体系的加强"[1]。"为什么恰恰会受资产阶级思想体系的控制呢?原因很简单,资产阶级思想体系的渊源比社会主义思想体系久远得多,它经过了更加全面的加工,它拥有的传播工具也多得不能相比。"[2]列宁对当时形势的判断对当下来说也是有一定现实意义的。21世纪以来,中国走上了经济发展的快车道,但是中国崛起的国际背景是资本主义意识形态和价值观长期占据优势地位的世界,西方对于中国崛起产生了一种"威胁"感知,以美国为首的资本主义国家担心这样一个"非

---

[1] 列宁选集:第1卷[M].北京:人民出版社,1995:327.
[2] 列宁选集:第1卷[M].北京:人民出版社,1995:328.

西方"国家的迅速崛起会动摇西方自由主义国际秩序的价值基石。[①] 特别是特朗普政府上台后轮番发动针对中国的媒体战、科技战、贸易战，中美之间的文化排斥从隐性走向显性，大国竞争笼罩上了意识形态和集团对抗的色彩。美国极力遏制中国发展以确保自己的核心利益，其中就包括"捍卫并在全球推广美国的生活方式和价值观"[②]。他们妄图利用"软实力"和被包装成"普世价值"的资本主义价值观，分化、西化我国新一代的年轻人，通过流行文化、商业文化的全面渗透，使青年学生亲近、信任、追逐西方文化。西方政客还利用国际外交、网络媒体以所谓人权、民主、宗教问题向我国发难，从根本上攻击和质疑社会主义核心价值观。意识形态领域这场"没有硝烟的战争"将会一直持续下去，在这样的国际环境下，我们必须坚持中国共产党的领导，做好中国大学的价值观教育，对青年大学生的意识形态、社会主义文化、核心价值观的教育不可松懈，防止其他国家颠覆中国特色社会主义制度，警惕资本主义意识形态渗入我国的文化系统。只有把大学的价值观教育置于国际和国内环境的大背景下才具有强烈的现实意义，也只有将价值观教育的目标与培养社会主义建设者和接班人的使命高度衔接，才能使价值观教育有力承载社会的需求，与党和国家的事业相互守望。

[①] 朱锋. 面对中国的崛起，西方为什么忧虑 [J]. 学术前沿，2020, 5（下半月）：18-29.

[②] 韩志华. 美国主流文化对特朗普政府对华政策的影响 [J]. 亚太安全与海洋研究，2019（4）：113-124.

第三节　中国大学价值观教育的理性思考与实践优化

　　差异视角是一种新的认识手段，是对事物多样性的尊重。以美国为代表的发达资本主义国家的大学价值观教育为参照，在比较中总结价值观教育的普遍性和特殊性，扩大了思想政治教育比较研究的视野。这是文化自信的彰显，也是全球化时代中国价值观当代构建走向自立的体现。差异性研究能够进一步深化对中国大学价值观教育自身的认识。理解他者的过程也是认识自身的过程，仅对自己国家的价值观教育理论和实践进行认识和把握，难免会有视角上的局限，只有在差异性研究中才能更深刻地认识事物的特殊性，才能获得对其本质的认识。差异性研究还能够更加清晰地认识到美国大学价值观教育中哪些是可借鉴的、哪些是可参考的、哪些是必须克服而需要坚持我们自己的道路的。资本主义是社会主义理论和历史的逻辑前提，离开了对发达资本主义文明与价值体系的批判性解构，当代中国社会主义核心价值观的构建就达不到应有的高度，通过差异性研究，在坚持、批判、学习中找到中国大学价值观教育自己应走的道路。

一、中国大学价值观教育的理性思考

　　当代中国大学的价值观教育历史地存在于实现人的政治社会化和实现人的全面发展的双重要求之下，既要变革原有的教育方式，走向现代化，又要谨慎地克服美国大学价值观教育暴露出的不足，需要我们把握好价值观教育原则，处理好以下四个关系。

(一)处理好价值观教育的意识形态性与科学性的关系

美国大学把价值观教育的科学性与意识形态性对立起来,追求科学性却回避意识形态性。中国大学价值观教育则坚持二者的统一性,认为价值观教育的意识形态性强调的是教育的服务对象,即阶级属性,解决的是为谁培养人的问题,科学性强调的是教育符合客观规律,解决的是如何培养人的问题,二者相辅相成,相得益彰。强调坚持二者的统一,既要坚持马克思主义理论的指导地位,坚持价值观教育的无产阶级属性,也要遵循思想政治工作规律、教书育人规律和学生成长规律。

首先,以不断创新发展的马克思主义引领价值观教育现代化。坚持以马克思主义为指导既是党的政治优势又是党的优良传统。坚持以与时俱进的、不断中国化的马克思主义形塑现代价值观教育,不再重复教条主义、本本主义教育模式的老路,科学运用全面准确的马克思主义经典理论和落地生根的马克思主义中国化最新成果引领价值观教育,观照现实,与时俱进。以鲜活的马克思主义精神气质与时代魅力不断赋予现代价值观教育以新的理念、目标任务和功能作用,夯实价值观教育现代形态的马克思主义根基。改革开放以来,我们比以往更加深刻地意识到强化党的领导与马克思主义指导的重要性。习近平总书记在全国教育大会上就明确指出:"加强党对教育工作的全面领导,是办好教育的根本保证。"① 坚持中国共产党的领导是坚持马克思主义指导地位的根本依据,党领导价值观教育改革创新,改的是传统教育观念与旧有教育方法,创新的是思维方式、手段途径与载体平台,始终不变的是本质属性、指导思想与价值追求,坚持强化的是党性、人民性与先进性。

---

① 习近平在全国教育大会上强调:坚持中国特色社会主义教育发展道路 培养德智体美劳全面发展的社会主义建设者和接班人 [N]. 人民日报,2018-09-11 (01).

其次，把马克思主义批判理论作为抵御价值领域风险的理论武器。在价值观教育中要有意识地科学运用马克思主义理论武器，通过意识形态批判，揭露资本主义意识形态的历史局限性和必然灭亡的命运；通过资本主义批判，揭露资本主义价值观只为少数人服务的本质；通过形而上学批判，揭露"普世价值"以抽象的人性或人类性尺度为立论基础的虚伪性。提高思想警惕，严防消除价值观教育的政治色彩与淡化价值观教育的阶级属性带来的危险和伤害，认清并回击西方世界以"去政治化""泛知识化"为掩护的演变策略及政治图谋，杜绝以学术自由为理由将价值观教育与类似自然科学客观知识体系等同起来。阶级性和党性是价值观教育的根本属性。唯有坚定马克思主义本质属性，价值观教育才能够正确回答"举什么旗、走什么路"的阶级性和党性问题。

最后，以马克思主义基本原理为支撑，构建更加完善的价值观教育理论体系。价值观理论建构是渐进性和累积性的价值观理论学习与学生个人价值观念协调、顺应的过程，是价值观教育的关键环节。首先，要用马克思主义理论学科建设支撑高校思想政治理论课建设，发挥好领航作用。在学科建设中，率先研究阐释好习近平新时代中国特色社会主义思想，优化最新理论成果的教学，不断赋予教学内容以鲜明的时代特征和时代风格，把马克思主义中国化的最新成果及时充实到教学中去，让大学生真切地体会到马克思主义学说的旺盛生命力，增强课堂教学的感染力，帮助大学生掌握中国特色社会主义理论的科学体系和基本观点，指导大学生运用马克思主义的价值观去认识和分析问题。其次，根据价值观理论与现实问题丰富教学基本结构和内容层次，形成具有逻辑自洽性的理论体系。构建与时俱进的教学内容，更加主动地"以我们正在做的事情为中心，从我国改革发展的实践中挖掘新材料、发现新问题、提出新观点、构建新理论"①，打造由思想政治理论课、课程思政、社会实践、网络教学等构成的教育教学体系，使理论供给充分体现中国特色、中国风格、中国气派，使基础理论的教学更加有灵气、接地气、富底气。最后，将价值观教育融入专业课程教学，积极建设"思政课程+课程思政"大格局，将思政课理论教学与日常思想政治教育结合起来，将思政课实践教学与社会实践和公益活动统筹起来，使之更能体现学术化、生活化、现代化的现实需要。

（二）处理好价值教导与自主构建之间的关系

价值教导和自主构建是同一过程的两个方面。价值教导通过灌输和传播特定内容的价值观，最终达到凝聚社会共识的目的，其突出特点是内容的限定性与目标的确定性。自主构建强调通过帮助学生个人在生活经验中自我反省、自我探索形成更加个人化的价值观念，强调"顺势而为"，目的是达到人的个性解放。在价值观教育过程中，将两个方面有机结合、协调互动起来，"价值引导下的自主建构"② 才能取得更好的教育效果。

第一，大学的价值观教育首先应当是"导向性教育"。价值观的"导向性"是指教育过程要有明确目的性和方向性，是通过人才培养规格的设定和对教育内容的选择来实现的，蕴含着教育者的主观意志。否认"价值教导"就是对教育作用的消解，对教育者责任的放弃，是对教育本身的否认。我们在价值观教育中一定要严守这样的底线：任何时候关于价值观的争论绝不是象牙塔里的学术之争，而是意识形态主导权的争夺。社会主义核心价值教育既不是一般的文化继承，更不是简单的

---

① 习近平. 习近平谈治国理政：第2卷［M］. 北京：外文出版社，2017：344.
② 石海兵. 论新时期中国青年价值观教育的双重性质［J］. 现代教育科学，2004（4）：10-13.

思想教育,而是要在全社会确立代表社会主义制度性质和社会主体核心利益的价值规范,必须坚持把"培养社会主义合格建设者和可靠接班人"作为价值观教育的主责主业。

第二,大学的价值观教育还要坚持"自主建构"。通过与美国大学价值观教育的差异性比较,引发了我们对改革开放之前封闭的、"大而统"教育方式的反思,虽然在这方面我们已经做了很多努力,但是随着国家更加开放,人文越加开明,价值观教育就越要尊重学生作为独立个体的人格尊严和自由意志,避免工具性的教育。没有"自主建构"的价值引导,就不成其为教育过程,就缺乏足够的发展性。将社会主义核心价值观通过学生的主观理解变为他们自身的经验,关注并且走进学生的生活世界,关心他们的成长与困惑,切入他们的经验系统,基于学生的智慧发展水平选择合适的教育内容和方法,着眼于唤醒学生成长的内在动机,引领学生进入富于理智挑战的精神世界。

第三,"价值引导"与"自主建构"不可偏废,必须有机结合起来。首先是培养主体的价值责任感与理性自觉,使价值主体主动为自己的价值判断和选择负责。我们要为学生提供全面的价值视野,在实践性教学和群体性活动中训练其批判性理智,创造性地培养价值主体的逻辑思维能力、批判性思考和理性思辨能力,拓展价值主体的理论视野、丰富其亲身体验,在感性认知与理性选择中增强对主体自身的价值判断和价值选择的自我反省与自我调节能力。努力营造和谐、宽松、包容的氛围,鼓励自主性的思考,创造新的价值体系以适应和推动变化着的生活世界。其次,把握规律,设定多层次、多架构的价值观教育目标和内容。要有意识地把握教育对象的共性与特性,为学生留下一个开放的价值空间,提供多样的、可供思考和选择的价值体系,对人的主体性的唤醒与弘扬,相信人们追求真、善、美的本能,引导他们在自我超越、自我扬弃中自我实现和自我生成。最后，价值观教育范式要向主体间性转变。在教育者传递价值观信息和给予释义的同时，通过对话交流和商谈论辩达成具有开放性和包容性的价值共识，课堂上要鼓励学生成为积极的参与者、合作者和观点的贡献者，帮助学生达成对社会主义核心价值观的认同。

（三）把握好价值观教育的层次性和递进性

价值观教育不是跨越式的，而是累积性的，价值观教育要基于学生的智慧发展水平和生活空间层级。在把握好价值观教育体系的层级性中突出强调核心价值观的引领和导向作用，生成科学的、务实的价值观教育体系和评价标准。这既是价值观教育服务于社会主义现代化建设的需要，也是构建社会主义和谐社会的必然要求。

第一，社会主义核心价值观教育内容必须理直气壮地加以强化和引导。从本质上讲，维护国家利益和统治阶级的统治地位，是包括中国和美国在内的所有国家的价值观教育的合法性基础。从美国大学道德价值观教育与公民价值观教育融合中的困境，我们可以清楚地认识到坚持做好处于支配地位的核心价值观教育的必要性。核心价值观是国家制度和国家运作模式赖以立足、借以扩展、得以持续的灵魂，是国家意识形态的内核。核心价值观之争从根本上说是制度建构权之争，是思想主导权之争。社会主义核心价值观是最基本的价值原则、价值思想和价值精神，从总体上规定着具体价值规范和准则的性质和尺度。必须把社会主义核心价值观教育上升到维护社会意识形态的高度来认识，才能够保证其得到广大青年学生的普遍认同和遵循。

第二，客观认识并准确把握价值观教育内容的层次性，切不可一刀切。"道德教育的目标高不可攀。许多接受调查的教师说，在教学中教授的道德内容过于理想化,反而束缚了学生。"① 崇高的价值理想、普遍的价值原则以及基本的价值规范分属于三个不同的层次,价值行为也可以分为三个不同的层次,即合法的、合理的、提倡的,要把提倡什么、容许什么、要求什么区别开来。终极价值与现实价值两极之间博弈的过程中并不是表现为一种复杂的互渗,而是一极对另一极空间的相互单向侵占。② 如果教育中没有把握好尺度,一味追求崇高的理想价值,把同质化、板结化的价值观强加给受教育者,无异于将价值观教育的国家属性和社会意义凌驾于学生的伦理生活,非但不能达到预期的教育效果,反而会培养出学生的伪善人格。在关涉国家利益和社会责任的核心价值观上致力于统一和共识,而对于学生伦理生活层面的道德价值观,可以科学地、适当借鉴美国大学的教育方式,澄清、培养价值理性,通过激发学生的价值自觉这种"内生"的方式实现教育效果。

第三,要注意把教育对象的先进性与广泛性区别开来。教育中要对不同价值主体的诉求充分尊重和包容,对不同教育对象施行不同的教育要求和标准。对于普通学生,只要他们对社会主义核心价值观是认同的,只要他们的人生价值取向是积极健康、合乎社会要求的,那么无论其在具体职业和生活上做何选择,都应当受到肯定和尊重。对于青年团员,特别是大学生党员,我们应该提出更高的标准,对理论理解更深,对行动要求更彻底,使"关键少数"起到"关键作用",在他们的榜样作用的带领下,使得更多的学生向上向善。

(四)处理好一元价值导向与多元价值共存之间的关系

同美国社会一样,我国的高等教育也处在文化多元的大时代当中,

---

① 卡明斯,钟启泉. 价值教育的案例研究——价值教育的国际比较(之二)[J]. 全球教育展望, 1997 (3): 43-50.
② 卢岚. 当代思想政治教育的困境、归因与超越[J]. 理论与改革, 2001 (1): 114-117.

我们试图通过中美差异性研究获得些许启示。美国大学对学生价值多元无限制地放任走向了价值相对主义与价值虚无主义。与美国不同的是，当前中国建设社会主义和谐社会，既要在多样性价值观中突出社会主义核心价值观的主导地位，也要包容多样性价值观的存在。保持核心价值观与多样性价值观的合理互动，才是主动应对多元文化的正确态度。

首先，通过培育社会主义核心价值观产生的辐射作用，实现对多样性价值观的统摄和引领。教育学生对价值多样化的宽容并不意味着主张价值多元主义。价值观念的相对多元性，是一种自发的存在，但不能任由这种相对多元性走向价值相对主义，在社会转型期尤其要杜绝此种情况的发生。大学的价值观教育是兼具开放性与引导性的系统工程。在多样性价值观并存的客观背景下，通过高质量的理论教学使大学生领会社会主义核心价值观的先进性，创造条件让学生在社会实践中体验社会主义核心价值观的优越性，做到自觉接受社会主义核心价值观。习近平总书记指出："凝聚共识很重要，思想认识不统一时要找最大公约数。"[①]

其次，扩大文化包容空间，使大学生群体的多元化价值观能够转化为创造性活力迸发的源泉。在现在这样一个文化大交融、思想大活跃、观念大碰撞的时代，不同的主体及其境遇有着不同的价值观念，价值观念的这种差异化是社会发展的自然结果，也是开放社会的一个基本特征，尊重多元和包容多样才能增进社会和谐。大学校园中的各项价值评价标准应该为不同的价值观创造交流和碰撞的空间和条件，激发学生的创造力量和变革的勇气。中国的社会文化朝着多元化发展符合历史发展大势，是无法阻挡的文化潮流。"美国文化的最大特色就是它的多元性，在不协调、矛盾的背后恰恰表明了这个熔炉的兼容性，唯其不强求

---

① 习近平总书记的执政理念［EB/OL］. 人民网，2014-03-03.

统一，各种文化才取得了各自发展的巨大空间，从而，这个大美国文化也不断地获取了外来的能量。"① 在我们的价值观教育中，也要帮助学生了解并学会尊重和宽容不同的生活方式和价值观念，从教师的选择、课程的开设、学生的管理等各个方面都要尊重文化差异，培养学生开阔的视野和博大的胸怀。对文化多元化的正确态度反映了中国社会在自由、平等、开放的道路上所做出的选择和努力。

最后，大学要坚守文化立场，建设性地处理不同文化价值观之间的关系。美国大学奉行的文化多元主义，虽然尊重了文化的多样性，但也为那些落后的、与社会发展方向不符的文化提供了机会。"如果真理和善仅是纯粹个人的事情的话，那么，难以看出教师的信仰、许诺和观念在教育中还会起到什么作用。"② 因而，大学要有自己的文化坚守，以社会主义核心价值观为标尺，对进入校园的各种价值观进行审视和筛选，对积极倡导哪些价值观、包容允许哪些价值观、反对摒弃哪些价值观要有鲜明的态度和立场，并持之以恒地将这种坚守传递给学生，保持校园文化多样生态和价值定力相统一。

二、中国大学价值观教育的实践优化

在价值观教育内容维度上加大对价值理性和批判精神的培养；在教育途径维度上进一步提升思想政治理论课的理论解释力和回应现实的能力；在教育主体维度上提升教师的师德、育人意识和育人能力，构建富于建设性的师生关系；在教育方法维度上借鉴美国，综合运用多种富有启发性的教育方法。

---

① 黄明哲. 梦想与尘世——二十世纪美国文化 [M]. 北京：东方出版社，1999：5-6.
② Barral R M. Progressive Neutralism: A Philosophical Aspect of American Education [M]. Louvain: Nauwelaerts Publishing House, 1970: 32-33.

(一)更加注重对理性分析能力和批判精神的培养

在价值认同的建构过程中,认同主体不是被动的,而是主动性、有选择性的。"认同"并不等同于"被动接受",学生在价值认同中有很强的能动性和建构权利。在美国的价值观教育中包含着理性的怀疑主义和批判精神,用以调整价值体系以适应变化着的生活与世界。中国大学应该借鉴美国大学价值观教育中对理性分析能力和批判精神的培养,将培养和提升学生价值判断能力贯穿其实施全过程之中,帮助学生学习掌握理性的、稳定的价值认知和判断能力,在传递一种富有相对适用性和真理性的价值规范的同时,培养一种兼具稳定性和持久性的价值理性能力和批判精神。

首先,培养学生的理性分析能力。尊重学生当下的价值诉求,通过主体间的平等对话和理性论证,实现从他律到自律、自发到自觉的转变,帮助学生完成价值意义的自主建构,实现价值观的主体性生成。将对社会主义核心价值观认同的义务与社会生活中价值观选择的权利对等起来,坦然自信地正视问题和矛盾,以社会普遍关注的问题、广大人民群众最为关切的问题、新的社会实践中产生出来的问题为导向,切中中国的社会现实,深入中国社会的实质性内容,引导大学生全面认识中国、客观评价中国、正确看待世界。培养学生辨别是非、判断对错的能力,树立正确的是非观、荣辱观,使价值观教育在解决价值冲突与矛盾的过程中获得生命力。同时,还要培养学生的批判性思维能力,推进价值观教育建设性与批判性相统一,培养学生形成对思想、理论、行为的批判性意识,倡导学生理性认识问题。不破不立,只讲正面的、正确的东西,学生会觉得宣教的成分大于说服的成分,易产生抵触情绪,反而影响教育效果。

其次，提供能够被用于解决现实价值问题的解释框架。价值观作为一种社会文化现象，是一个历史范畴，是对变化着的客观世界的现实反映，不能以构建成一个什么样的价值观的结果为满足，而是要"授人以渔"。要使学生认识和理解什么是价值观、价值观的本质是什么，指导学生在价值体验的基础上进行深刻的价值理解、价值批判和价值创造。将社会问题作为价值塑造的重要资源，从问题出发设计教学，回应学生的价值诉求，以学生关注和困惑的问题为起点，将社会热点和难点问题与课程主题相结合来引领价值取向。论题本身的设置须具备学理性支撑，有明确的价值取向并体现相当的理论深度。

最后，要主动回应社会热点、主动"融入"日常生活。在学生的日常生活层面寻求切入点，找到学生成长中的"关注点"和"兴奋点"，将它们作为价值观教育进入学生精神世界的入口，有效进行"解疑释惑"和"价值引领"。一是要合理设置话题，凡是能将社会主义核心价值观的精髓转化为思想共识的议题，我们都要积极开启，并不断推进其广度和深度。准确把握思想共鸣点，找到学生的疑惑所在、情感所需、利益所求的兴奋点，既讲清"怎么看"，又说明"怎么办"。二是对于一些社会敏感话题要抢占话语先机。善于先声夺人，通过早谋划、早预断、早发声、早造势增强话语的主动权。关注热点问题，敢于发声、善于发声，宣示立场观点、以正视听，充分彰显事实的力量、道义的力量。对焦点问题不回避，勇于同各种"异质话语"直接对话，澄清模糊认识、匡正失范行为，在求同存异的基础上寻求彼此之间的"最大公约数"。三是要形成亲民的话语风格。好道理要说得出、传得开、叫得响，就要不断改进传播理念和传播技巧，把"我们想讲的"变成"学生想听的"，把"学生想听的"融进"我们想讲的"。

(二)通过文化涵养教育,使价值观教育更加充实和丰满

"隐性"是美国大学价值观教育最为突出的特点,他们将价值观教育隐匿于对美国综合国力的自信和资本主义文化浸润的背后,达到了"工夫在诗外"的教育效果。中国大学的价值观教育也需要增强文化意识,为学生的人格培养提供文化底蕴。我国著名教育家蔡元培先生在很早以前就提出"美育涵养'三观'"①,即以人文情怀涵养价值观教育。"涵养"具有"滋养性",即使之发育成长;也意指"有机性",即根据对象的需要和特性提供的有益帮助;还具有"养护性",即以温柔的方式传递给对象,具有"细无声"的特点。

首先,以中华优秀传统文化涵养价值观教育。"博大精深的中华优秀传统文化是我们在世界文化激荡中站稳脚跟的根基。"② 传统文化是民族生存和发展不可或缺的养分,唯有用民族文化的养料细心灌溉,才能生产出真正配得上中国文艺气质和中国文化境界的优质内容。通过民族文化带来的高尚的审美情感,让学生对博大精深的五千年文化产生崇高的敬畏之情,对具有深厚文化底蕴的社会主义核心价值观产生情感共鸣。

其次,以阅读马克思主义经典著作涵养价值观教育。可以效仿美国的名著教育法,带领学生原原本本学习和研读经典著作。将马克思理论体系的学习回归到经典著作,回归到文本宏大的历史背景和特殊语境之中,马克思主义经典作家崇高的历史使命感、特殊的理论氛围、宽广的知识领域、高远的理论视野、独特的思考视角和科学的论证方式就会立体地展现出来。通过经典原著选读、专题报告、视频赏析、热点问题讲

---

① 许寿裳. 亡友鲁迅印象记 [M]. 北京:人民文学出版社,1953:36.
② 习近平. 习近平谈治国理政 [M]. 北京:外文出版社,2014:164.

座以及主题讨论等形式的实践教学活动，深入历史和思想史，亲近大师，走近经典。

最后，深耕校园文化的主题立意。充分发挥正面宣传鼓舞人、激励人的作用，旗帜鲜明地弘扬真善美、贬斥假恶丑，唱响正气之歌；推出更多讴歌党、讴歌祖国、讴歌人民、讴歌英雄的精品力作，不断往深里走、往实里走、往心里走；把社会主义核心价值观贯穿到形势宣传、成就宣传、典型宣传、热点引导和舆论监督中，用有温度、有深度、有情怀的宣传报道，激发学生的情绪共振和情感共鸣，不断巩固壮大健康向上的主流思想舆论。

（三）综合运用富有启发性的教育方法

科学、有效的教育方法是决定价值观教育效果的"最后一公里"。改进传统的教育方式，合理借鉴、吸收、转化美国大学价值观教育中行之有效的方法，推进价值观教育方法现代化发展。

首先，用好"对话"的方法。卡明斯认为亚洲国家"在课堂上所设定的讨论，不过是引出满意的结论之前对学生的一系列的提问而已"①。与这种传统"讲授—接受"式教学不同，对话教学是动态、开放的活动过程，打破了由教育者负责传递信息和给予释义的格局，转变为教育双方共同参与完成的教育范式。学生的问答和反应会因情境或个体生活经验的不同而呈现难以预见的丰富性和复杂性，这就对教师提出了更高的要求，只有凭借教师深厚的知识积累、坚定的价值理性和灵活的教学智慧，才可以根据不同的情况因势利导达成价值目标，而教学的精彩也多出自此。正如哲学家马丁·布贝尔所认为的"我与你的对话

---

① 卡明斯，钟启泉. 价值教育的案例研究——价值教育的国际比较（之二）[J]. 全球教育展望，1997（3）：43-50.

不仅是言语上的你来我往，而是寓于'生活深处'的具体体验"①。"对话"的基本准则有三点：一是学会倾听对方的谈话，二是尊重对方的谈话，三是乐于为自己的观点辩护，但也要乐于改正自己的观点。既要培养学生勇于为自己观点辩护的勇气，也要培养学生在真理面前敢于更正自己观点的良好心态。

其次，用好"情境"的方法。沟通课堂与生活，强化主体的价值感受，形成主体特定的价值心理定式，并沉淀为特定的价值态度。"情境"是 20 世纪 80 年代以来，西方教育哲学的重要转向，也是价值观教育变革的重要路径。② 通过在课堂上创设价值情境，将学生代入具体情境进行价值判断和分析，帮助学生建立起价值知识与所熟悉的真实生活情境之间的联系，为学生提供价值探索的条件，充分调动学生的感官体验和主动思考，鼓励学生将生活世界中获得的经验与课堂学习的价值原则连接起来，培养学生在日常生活中运用价值能力的自觉。

最后，用好"体验"的方法。在现有的教育手段中如社会实践、公益活动等都是非常好的"体验"式教育，但是在教育过程中要有意识地区分"体验"与"经验"，不能止步于组织"活动"或"实践"，而忘记了体验的内核是"回到实事本身"的"反思"和"内省"。③ 在活动和实践之后，要给学生提供反思、领悟、讨论、交流的机会，将在活动中获得的感性认识升华至价值观层面，这是将学生的经验世界与内在的价值追求、客观认识与主观感受连接起来的关键环节。

---

① 张人杰. 20 世纪教育学名家名著 [M]. 广州：广东高等教育出版社，2002：118.
② 邵燕南. 问题与情境——西方教育理论的发展 [M]. 济南：山东教育出版社，2011：166.
③ 于伟，杨玉宝. 西方道德教育中的"体验"思想发展探析 [J]. 外国教育研究，2008（7）：82-86.

（四）着力提升教师的政治素质和育人能力

教师是价值观教育中最活跃的要素。习近平总书记指出，办好高校"关键课程"关键在教师。无论是课堂教学还是答疑解惑，抑或日常交往，把握整个教学过程的人是教师。虽然教师在中美大学价值观教育中扮演的角色与承担的任务不尽相同，但是对于教师及师生关系在价值观教育中的重要作用却持有相同的肯定态度。价值观教育最终能否取得成效实际是对教师的政治素养、师德人品、业务能力全方位的、综合性的考验。

首先，教师要充分掌握马克思主义基本理论并达到融会贯通的水平，以满足为学生答疑解惑的需求。坚持教育者先受教育，教师要有理论自信，自觉以先进的思想理论武装自己，真正成为马克思主义的行家里手，具备扎实的理论功底，才能以先进的思想引导学生。教师只有充分掌握马克思主义和中国特色社会主义基本理论，给出有说服力的解释和引导，才能从容地直面各种错误思想并加以批判。教师的理论只有达到了能够运用自如的程度才能把控对话、情境、体验等互动性强、对教师应变能力要求高的教育过程，特别是在开放式的课堂教学里，学生思维活跃、各种表现难以预料，教师既要启发他们积极参与讨论、勇敢提出观点，又要把握好讨论的方向，如此高的驾驭能力只能来自扎实理论的支撑。

其次，着力提升教师的师德水平和人品修养，在师生交往中引领学生。师生关系是近代以来大学教育活动中最重要、最基本的人际关系。大学生的思想正处于最需要开阔和深化的时候，正需要与成熟的思想进行交流和碰撞，这就要求教师把教书和育人结合起来，成为塑造学生价值观的"大先生"。提升师德水平需要把社会主义核心价值观纳入教师教育课程体系，融入教师职前培养准入、职后培训管理全过程。创新师德教育，加强师德宣传、健全师德考核、强化师德监督、注重师德激励、严格师德惩处，推动教师遵守职业道德、承担育人职责、永怀仁爱之心。充分激发教师加强师德建设的自觉性，鼓励教师弘扬重内省、重慎独的优良传统，在细微处见师德，在日常生活中守师德，养成师德自律习惯，在生活中展现一个马克思主义信仰者应有的人格和品性。

最后，着力提升教师的教书育人的能力和教学水平，做到主动关注并合理运用价值观教育资源，把握教育时机。教师应把"为了每一个学生的终身发展"作为核心理念，针对青年成长特点，聚焦青年思想关切。在教育的各个环节都应有明确的指导思想，即在任何环节中教师都必须深刻地了解本环节的知识教育、能力教育和价值观教育功能与内容。应研究确定各教学环节在知识教育、能力教育和价值观教育方面的内容安排与教育目标，要有明确的、自觉的价值观教育意识。把握好教育契机，在服务学生成长成才的过程中"适时"施教，在最需要的时候给予学生鼓励和好的建议。

第七章　结论与展望

第一节　结论

本研究以马克思主义基本原理和唯物史观为基础，对中美大学价值观教育的理论与实践进行了纵向与横向、现象与本质的比较。从宏观、中观、微观三个层面对中美大学价值观教育的差异性及其背后的社会、经济、文化因素进行了考察和分析，得出以下三个主要结论。

第一，中美大学价值观教育在意识形态和阶级性上具有根本性差异，要求我们坚持走具有中国特色的大学价值观教育之路。中美社会制度的不同决定了大学价值观教育"人民中心"与"资本驱动"的根本属性上的差异。本研究揭露了美国资本主义价值观只为少数人服务的本质，批判了美国大学价值观教育以抽象的人类性或人性尺度为立论基础的缺陷及虚伪性，揭露了美国资本主义意识形态的历史局限性和必然灭亡的趋势。我们要坚决反对美国大学价值观教育的"去政治化""价值中立化"和"泛知识化"倾向，自觉认清和规避消除政治色彩与淡化本质属性的危险性，彰显马克思主义本质属性的优越性与生命力。要从解决"首要问题"和落实"立德树人"的高度做好价值观教育，坚持党对中国大学价值观教育的领导，坚定中国大学价值观教育的社会主义方向，坚持把社会主义核心价值观作为教育主题。唯有这样，中国大学的价值观教育才能够正确回答"举什么旗、走什么路"的阶级性和党性问题，杜绝以学术的方式建构一个超阶级、超党派、类似自然科学客观知识的价值观教育体系。

第二，中美大学价值观教育在实现路径和运行模式的差异性中有可镜鉴之处。美国大学价值观的"隐性"教育为我们的教育达到"日用而不自知"提供了一定的思路，但是过于庞杂的学科体系和互相冲突的价值观点，在为学生提供意志行为的价值规范和价值信念上力不从心。因而我们既需要向美国借鉴文化滋养、隐性渗透、启发对话的教育方法，也要坚持价值观教育的意识形态属性和对社会主义核心价值观的坚守，使我们的价值观教育既有韧性又有坚硬的内核。另外，美国大学价值观教育所具有的独特的文化风格与思维方式对我国来说具有一定的方法论意义，为我国大学价值观教育现代化进一步走向深入提供了可供参考的依据。美国大学价值观教育承认价值经验并注重智慧的生成，培养学生的价值理性和判断能力，鼓励学生形成开放和独特性的观念，在培养方式上注重价值情感、生命涵养和生活养成等，这些都启发我们从更加超越的层面保持开放与创造的教育空间，使我们的高等教育培养出来的人才在价值观发展上永葆活力。

第三，中美大学价值观教育有着各自的成就、问题与挑战。美国大学价值观教育的主要特点集中在三个方面，即把反映资本主义意识形态的核心价值观包装成"普世真理"传递给学生，价值观教育课程具有整体性、多元性和隐蔽性的特点，致力于为学生的终身成长做准备。但是，美国大学在价值观教育上有着自己的悖论，正是这种悖论导致了一系列难以解决的固有矛盾，包括个人主义与社群主义的争执，私人领域价值观教育与公共领域价值观教育的割裂，价值立场的犹豫导致美国大学价值观教育的合法性危机。中国大学的价值观教育肩负着伟大的使命，是新时代的铸魂工程，经过多年的努力已经取得了突出的成效，以制度优势走出了具有中国特色的大学价值观教育之路，建立起了相对完善的价值观教育理论和课程体系，学生的主体地位得到了更好的尊重。但与此同时，新的发展境遇给构建具有时代和国情特征的大学价值观教育体系提出了一系列新的课题，社会发展和经济体制改革为大学价值观教育带来新挑战，社会文化多元化对大学价值观教育提出新课题，"现代性"与"后现代性"思潮对大学价值观教育提出新问题，当今世界"百年未有之大变局"向大学价值观教育提出新要求。

第二节　创新点

本研究在以下三个方面有所创新：

第一，厘清"三个基本概念关系"，明晰中美大学价值观教育概念的"名"与"实"、"统"与"分"。核心概念是任何一项研究的"理论硬核"。本研究深入考察中美对价值观教育核心概念的使用状况，通过内涵与外延的比较，厘清了"三个基本概念关系"，即价值观教育与思想政治教育、价值观教育与德育、价值观教育与公民教育之间的关系。在中国，价值观教育是一个与思想政治教育、德育、公民教育相关联却有着独立内涵和外延的概念。在美国，出于对"意识形态"的有意回避，并没有明确并且公认的价值观教育概念规定（没有"名"），但是在其公民教育和伦理道德教育中，蕴含着丰富的价值观教育元素

(有其"实")。在此基础上,进一步明晰了中美价值观教育概念的"统"与"分",提出了当用"价值观教育"统一指称美国与中国大学中与促进学生价值观成长相关的教育时,要注意其各个组成部分的具体内涵及内在关联;当用"公民价值观教育""道德价值观教育"分别指称时,要注意其作为价值观教育构成部分的共同属性和各自的独特功能。

第二,提出将大学价值观教育内容分为三个层面,即价值观教育的核心内容、基本内容和发展性内容,使价值观教育既有核心价值观作为意识形态属性的坚硬内核,又具有层次性和延展性。价值观教育的核心内容涵盖的是社会制度层面的内容,而作为价值观教育基本内容的生活道德价值观体现的是日常生活规范层面的内容。中国大学价值观教育的核心内容与基本内容之间是一种正向的互动关系,而美国核心内容与基本内容彼此割裂的关系导致了价值观教育的困境。中国大学价值观教育的发展性内容是对价值情感和践行能力培养,以培育学生价值观认同和践行为目的,而美国大学价值观教育发展性内容是价值思维能力和价值判断能力的培养,以帮助学生掌握获得价值观的方法为目的。中国大学在价值观教育的核心内容上必须坚持社会主义核心价值观教育,对基本内容的教育可以在"一元主导"下坚持多层次性和自主构建,对发展性内容的教育可以进一步拓展,借鉴美国大学价值观教育中对理性分析能力和批判精神的培养。

第三,提出大学价值观教育的"四个重要原则"和"四个优化对策"。教育原则直接影响教育效果。在差异性研究的基础上,本书提出大学价值观教育要把握好"四个重要原则",即处理好价值观教育的意识形态性与科学性的关系,处理好价值教导与价值构建之间的关系,把握好价值观教育的层次性和递进性的关系和处理好一元价值导向与多元价值共存之间的关系。在"四个重要原则"的指导下，在价值观教育的实践层面提出了"四个优化对策"，即在价值观教育内容维度上加大对价值理性和批判精神的培养，在教育途径维度上要提升文化涵养价值观教育，在教育方法维度上综合运用多种富有启发性的教育方法，在教育主体维度上提升教师的师德、育人意识和育人能力，构建富于建设性的师生关系。

第三节 展望

首先，在研究内容上有待进一步深入细化。本书在分析中美大学价值观教育差异性的原因时，从政治、经济、社会方面的分析较为深入，文化角度相对薄弱，这是本研究的一个遗憾之处，有待后续的研究持续深化。另外，对两国大学价值观教育的研究宏观概括描述较多，分层和微观个案研究不够，使研究的立体性不够。未来需要在大量占有原始资料的基础上，对不同的教育环节的差异性进行系统分析，由定性分析走向定性分析与定量分析结合，用更翔实、更直观的案例和数据支撑研究结果，进而提出更具科学性和操作性的对策建议。

其次，在研究广度上还有进一步拓展的空间。中国和美国作为世界两大经济实体，社会主义核心价值观和资本主义价值观之间的交锋不可避免，未来在中国和美国大学价值观教育在共同体塑造、国际战略等方面的作用的研究还可以更加深远地展开。中国大学价值观教育正在以一种更加主动的姿态参与到国际价值秩序的构建之中，我们相信，中国社会主义制度的优越性定会不断彰显，中国价值观教育的优势也会不断显现，终将成为未来教育的引领。

参考文献

中文文献
一、马克思主义经典著作及党的文献

［1］马克思恩格斯选集：第 1-4 卷［M］.北京：人民出版社，2012.

［2］马克思恩格斯文集：第 1-10 卷［M］.北京：人民出版社，2009.

［3］马克思恩格斯全集：第 1-50 卷［M］.北京：人民出版社，1974.

［4］列宁选集：第 1-4 卷［M］.北京：人民出版社，2012.

［5］列宁专题文集［M］.北京：人民出版社，2009.

［6］列宁全集：第 6 卷［M］.北京：人民出版社，1984.

［7］毛泽东选集：第 1-4 卷［M］.北京：人民出版社，1991.

［8］邓小平文选：第 1-3 卷［M］.北京：人民出版社，1994.

［9］江泽民文选：第 1-3 卷［M］.北京：人民出版社，2006.

［10］胡锦涛.坚定不移沿着中国特色社会主义道路前进为全面建成小康社会而奋斗——在中国共产党第十八次全国代表大会上的报告

[M]．北京：人民出版社，2012．

［11］习近平谈治国理政：第1卷［M］．北京：外文出版社，2014．

［12］习近平谈治国理政：第2卷［M］．北京：外文出版社，2017．

［13］习近平谈治国理政：第3卷［M］．北京：外文出版社，2020．

［14］教育部思想政治工作司．加强和改进大学生思想政治教育重要文献选编（1978—2008）［M］．北京：中国人民大学出版社，2008．

［15］共青团中央，中共中央文献研究室．毛泽东邓小平江泽民论青少年和青少年工作（增订本）［M］．北京：中央文献出版社、中国青年出版社，2003．

［16］习近平．青年要自觉践行社会主义核心价值观——在北京大学师生座谈会上的讲话（2014年5月4日）［M］//中央文献研究室．十八大以来重要文献选编（中）［M］．北京：中央文献出版社，2016．

［17］社会主义核心价值体系学习读本［M］．北京：中共党史出版社，2009．

［18］中共中央文献研究室．建国以来重要文献选编：第11册［M］．北京：中央文献出版社，1995．

［19］"两课"教育教学调研工作领导小组．普通高校思想政治教育课程文献选编（1949—2003）　［M］．北京：中国人民大学出版社，2003．

［20］中共中央宣传部理论局．深度解读中国梦［M］．北京：学习出版社，2014．

二、专著

［1］石海兵．青年价值观教育研究［M］．合肥：安徽人民出版社，2007．

［2］陈亚杰. 建设社会主义核心价值体系［M］. 北京：人民出版社，2007.

［3］韩震. 社会主义核心价值体系研究［M］. 北京：人民出版社，2007.

［4］汪信砚. 全球化、现代化与马克思主义哲学中国化［M］. 武汉：武汉大学出版社，2010.

［5］张耀灿，徐志远. 现代思想政治教育学科论［M］. 武汉：湖北人民出版社，1999.

［6］郑永廷. 现代思想政治教育理论与方法［M］. 广州：广东高等教育出版社，2000.

［7］李连科. 价值哲学引论［M］. 北京：商务印书馆，1999.

［8］田海舰，邹卫. 社会主义核心价值观论纲［M］. 北京：人民出版社，2010.

［9］冯刚，张剑. 社会主义核心价值体系研究述评［M］. 北京：教育科学出版社，2012.

［10］弗朗西斯·福山. 历史的终结及最后之人［M］. 黄圣强，等译. 北京：中国社会科学出版社，2003.

［11］杜威. 民主主义与教育［M］. 王承绪，译. 北京：人民教育出版社，2001.

［12］苏霍姆林斯基. 怎样培养真正的人［M］. 蔡汀，译. 北京：教育科学出版社，1992.

［13］罗兰·罗伯逊. 全球化——社会理论和全球文化［M］. 梁光严，译. 上海：上海人民出版社，2000.

［14］徐腾. 中国特色社会主义核心价值观研究［M］. 南京：江苏人民出版社，2014.

［15］李德顺. 价值论［M］. 北京：中国人民大学出版社，2007.

［16］袁贵仁. 价值观的理论与实践［M］. 北京：北京师范大学出版社，2013.

［17］陈万柏，张耀灿. 思想政治教育学原理［M］. 武汉：华中师范大学出版社，2012.

［18］檀传宝. 德育原理［M］. 北京：北京师范大学出版社，2006.

［19］刘济良. 价值观教育［M］. 北京：教育科学出版社，2007.

［20］塞缪尔·亨廷顿. 谁是美国人——美国国民特性面临的挑战［M］. 程克雄，译. 北京：新华出版社，2010.

［21］康马杰. 美国精神［M］. 北京：光明日报出版社，1988.

［22］赵中建，顾建明. 比较教育的理论与方法——国外比较教育文选［M］. 北京：人民教育出版社，1994.

［23］许启贤. 中国共产党思想政治教育史［M］. 北京：中国人民大学出版社，1999.

［24］林玉体. 美国教育思想史［M］. 北京：九州出版社，2006.

［25］博耶. 关于美国教育改革的演讲［M］. 涂艳国，方彤，译. 北京：教育科学出版社，2002.

［26］程星. 细读美国大学［M］. 北京：商务印书馆，2004.

［28］杜威. 杜威教育论著选［M］. 赵祥麟，王承绪，编译. 上海：华东师范大学出版，1981.

［29］吴亚林. 价值与教育［M］. 北京：北京师范大学出版社，2009.

［30］邵燕南. 问题与情境——西方教育理论的发展［M］. 济南：山东教育出版社，2011.

［31］詹姆斯·杜德斯达. 21世纪的大学［M］. 刘彤，等译. 北京：

北京大学出版社，2005.

[32] 联合国教科文组织国际教育发展委员会. 学会生存——教育世界的今天和明天 [M]. 华东师范大学比较教育研究所，译. 北京：教育科学出版社，1996.

[33] 约翰·布鲁贝克. 高等教育哲学 [M]. 王承绪，等译. 杭州：浙江教育出版社，2001.

[34] 班华. 现代价值观教育论 [M]. 第2版. 合肥：安徽人民出版社，2001.

[35] 塞缪尔·亨廷顿. 文明的冲突与世界秩序的重建 [M]. 周琪，刘绯，张立平，等译. 北京：新华出版社，2002.

[36] 罗伯特·梅逊. 当代西方教育理论 [M]. 陆有铨，译. 北京：文化教育出版社，1984.

[37] 张耀灿. 思想政治教育学前沿 [M]. 北京：人民出版社，2006.

[38] 张耀灿，郑永廷. 现代思想政治教育学 [M]. 北京：人民出版社，2006.

[39] 谢弗，斯特朗. 面对价值观选择：教师应以理性为本 [M]. 纽约：教师学院出版社、哈珀与罗斯出版公司，1982.

[40] 季明. 核心价值观概论 [M]. 北京：人民日报出版社，2013.

[41] 罗伯特·贝拉. 心灵的习性：美国人生活中的个人主义和公共责任 [M]. 翟洪彪，等译. 北京：三联书店，1991.

[42] 德雷克·博克. 回归大学之道 [M]. 侯定凯，梁爽，陈琼琼，译. 上海：华东师范大学出版社，2012.

[43] 乔治·马斯登. 美国大学之魂 [M]. 北京：北京大学出版社，2009.

［44］哈佛委员会.哈佛通识教育红皮书［M］.李曼丽,译.北京:北京大学出版社,2010.

三、期刊

［1］魏晓文,蒋璀玢.马克思主义人学视域下的当代中国价值观教育［J］.理论探讨,2018（4）.

［2］王熙,王怀秀,高洁.21世纪西方道德教育、品格教育和价值观教育研究的领域之辨——基于2001—2016年文献的共被引分析［J］.全球教育展望,2017,46（8）.

［3］张建云.辨析价值范畴化解价值困惑——马克思主义关于"价值""价值的实现""价值观"范畴的深层解读［J］.贵州社会科学,2019（6）.

［4］邱耕田.差异性原理与科学发展［J］.中国社会科学,2013（7）.

［5］胡亚敏.论差异性研究［J］.外国文学研究,2012（4）.

［6］方爱东.社会主义核心价值观论纲［J］.马克思主义研究,2010（12）.

［7］威尔森.美国道德教育危机的教训［J］.国外社会科学,2002（2）.

［8］温泉,吴向东.中西价值观启蒙的模式差异及启示［J］.南京社会科学,2018（4）.

［9］莫尼卡·泰勒.价值观教育与教育中的价值观（上）［J］.教育研究,2003（5）.

［10］任志锋.21世纪以来美国价值观教育变革论析［J］.社会主义核心价值观研究,2018（2）.

[11] 杨晓慧. 构建人类命运共同体视域下青少年价值观教育的中国特色与国际视野 [J]. 思想教育研究, 2018 (8).

[12] 鲍幸, 伍自强, 刘慧, 熊昌芹. 当代社会变迁视域下大学生价值观探析 [J]. 吉首大学学报（社会科学版）, 2019 (6).

[13] 张立, 赵艳斌. 大学生社会主义核心价值观践行能力的培育 [J]. 思想教育研究, 2016 (9).

[14] 吴欣遥, 曾王, 兴秦凯. 大学生社会主义核心价值观教育文化认同研究 [J]. 思想理论教育导刊, 2016 (9).

[15] 蒋璀玢, 魏晓文. "后真相"引发的价值共识困境与应对 [J]. 思想教育研究, 2018 (12).

[16] 任志锋. 大学生社会主义核心价值观认同的日常生活维度 [J]. 教学与研究, 2016 (12).

[17] 韩震. 大学要创造性地培育和践行社会主义核心价值观 [J]. 思想政治教育研究, 2015 (2).

[18] 陈忠平, 央泉. 美国个人主义传统溯源 [J]. 求索, 2013 (11).

[19] 苏守波. 社群主义公民教育思想在美国的兴起与实践 [J]. 外国教育研究, 2010 (4).

[20] 卡明斯, 钟启泉. 价值教育的政策——价值教育的国际比较（之三）[J]. 全球教育展望, 1997 (4).

[21] 卡明斯, 钟启泉. 从课程看道德及宗教教育——价值教育的国际比较（之一）[J]. 全球教育展望, 1997 (2).

[22] 付轶男. 公民教育与道德教育关系研究的现代化视角 [J]. 外国教育研究, 2009 (12).

[23] 蓝维, 夏飞. 价值观教育的确立与发展——价值观教育30年

的历史回顾［J］. 中国德育，2008（12）.

［24］石海兵. 简论建国60年青年价值观教育的历史发展［J］. 中国青年研究，2009（12）.

［25］韦冬雪，陈元明. 新中国成立以来我国社会核心价值观教育变迁探要［J］. 思想教育研究，2013（6）.

［26］郭新，蒋璀玢. 在价值教导与自主构建中走向价值自觉——价值观教育方法论的哲学思考［J］. 沈阳师范大学学报（社会科学版），2019（5）.

［27］高地. 中国共产党社会主义核心价值观教育的历程、规律与经验［J］. 思想教育研究，2011（8）.

［28］杨柳新. 大学的价值观教育与文化认同［J］. 北京大学教育评论，2008（4）.

［29］崔家新，张元. 改革开放以来大学生价值观教育政策的应对策略——基于大学生价值观嬗变轨迹的历史考察［J］. 教育学术月刊，2018（12）.

［30］杨晓慧. 习近平青年价值观教育思想论要［J］. 马克思主义研究，2017（11）.

［31］杨威. 国外价值观教育研究：目标、内容与方法［J］. 思想理论教育，2017（10）.

［33］高国栋. 习近平论大学生社会主义核心价值观教育［J］. 思想教育研究，2015（10）.

［34］杜时忠，曹树真. 社会主义核心价值观"进教材"的教育学探索［J］. 教育研究，2015，36（9）.

［35］谭秋浩. 知行合一：大学生社会主义核心价值观教育的第一要义［J］. 高教探索，2015（9）.

[36] 李润洲."情感态度与价值观"教育的目标设定与实现路径[J].教育发展研究,2015(15).

[37] 靳玉军.论社会主义核心价值观教育的实践要求[J].教育研究,2014,35(11).

[38] 张大良.把培育和践行社会主义核心价值观贯穿高校文化素质教育始终[J].中国高教研究,2014(7).

[39] 张兴海,朱明仕.价值判断能力视角下的大学生价值观教育论析[J].思想教育研究,2014(3).

[40] 罗迪.文化认同视角下的大学生社会主义核心价值观教育[J].思想教育研究,2014(2).

[41] 蔡瑶.价值观教育与大学责任——基于对美国大学通识教育变迁的研究[J].高教探索,2019(12).

[42] 张宝予,杨晓慧.美国高校价值观教育路径研究——基于通识课程的视角[J].思想教育研究,2019(5).

[43] 魏志强.通识教育与核心价值观塑造——美国高校通识课程改革及其启示[J].当代教育科学,2018(9).

[44] 蔡瑶.美国大学通识教育的价值塑造机制探析[J].外国教育研究,2018,45(3).

[45] 林聪,宋友文.对美国高校价值教育中共识问题的考察[J].高校教育管理,2017,11(1).

[46] 叶冬连,万昆,庄玲.中美"价值教育"公开课的师生言语互动比较[J].现代教育技术,2016,26(1).

[47] 高峰.国外核心价值观教育的经验与启示[J].思想理论教育,2015(12).

[48] 周斌,陈延斌.美国核心价值观融入国民教育的方法与途径

[J]. 上海师范大学学报（哲学社会科学版），2015，44（4）.

[49] 李潇君. 美国社会科课程中的价值观教育 [J]. 思想教育研究，2015（6）.

[50] 李飞. 大学生社会主义核心价值观教育机制创新问题探论——以美国核心价值观教育为鉴 [J]. 理论导刊，2014（10）.

[51] 张雅光. 加强核心价值观建设的国际经验与启示 [J]. 理论导刊，2014（8）.

[52] 胡晓敏. 美国大学生核心价值观教育论略 [J]. 教育评论，2014（7）.

[53] 金筱萍. 论美国思想政治教育的隐蔽性及其启示 [J]. 思想理论教育导刊，2013（10）.

[54] 葛春. 美国大学价值观教育课程探析 [J]. 国家教育行政学院学报，2013（6）.

[55] 张燕，戴晓芳，张黎. 中美价值教育课堂比较——以哈佛道德推理课和中国高校道德修养课为例 [J]. 比较教育研究，2013，35（3）.

[56] 杨飞云. 美国学校价值观教育的解读与思考 [J]. 外国中小学教育，2012（6）.

[57] 揭晓，陈卓武. 中美大学生主流意识形态认同教育比较研究 [J]. 黑龙江高教研究，2012，30（3）.

[58] 吴广庆. 价值澄清理论对青少年价值观教育的借鉴 [J]. 中国青年研究，2012（1）.

[59] 马健生，孙珂. 美国大学主流价值观教育探析 [J]. 比较教育研究，2010，32（11）.

[60] 范树成. 美国核心价值观教育探析 [J]. 外国教育研究，2008

(7).

[61] 任志锋. 权威与自治：美国学校道德教育的价值取向及其发展 [J]. 教学与研究, 2019 (12).

[62] 王斌, 马颖. 论中美高等教育体系中核心价值观的"同与异" [J]. 黑龙江高教研究, 2018, 36 (7).

[63] 季惠斌, 王平. 当代青年学生的核心价值观教育——基于美国公民核心价值观教育的启示 [J]. 辽宁大学学报（哲学社会科学版）, 2017, 45 (4).

[64] 刘洪波. 高校社会主义核心价值观教育探析——基于美国核心价值观教育的经验 [J]. 思想政治教育研究, 2016, 32 (4).

[65] 杨威. 当代美国高校价值观教育的关键议题与基本原则 [J]. 黑龙江高教研究, 2015 (10).

[66] 李潇君, 杨晓慧. 美国社会科课程标准的价值目标研究——基于《大学、职业和公民生活框架——社会科课程国家标准》的分析 [J]. 思想政治教育研究, 2015, 31 (1).

[67] 张燕, 郭倩雯. 美国学校核心价值观教育的方法及启示 [J]. 人民教育, 2013 (22).

[68] 葛春. 美国大学价值观教育课程探析 [J]. 思想理论教育, 2013 (15).

[69] 张剑. 学生的价值观教育探析——以美国哈佛大学通识教育为例 [J]. 毛泽东邓小平理论研究, 2012 (4).

[70] 魏宏聚. 价值教育在课堂——英美两国有关教学中实施价值教育研究的述评 [J]. 外国教育研究, 2012, 39 (3).

[71] 易莉. 从价值中立到核心价值观——美国品格教育的回归 [J]. 教育学术月刊, 2011 (5).

[72] 崔宝华，蒋璀玢，苑朋栋，等. 大学生先进典型的榜样教育作用实效性探讨 [J]. 高校辅导员，2015（1）.

[73] 王宝玺. 高等教育价值观视野下的美国大学理念 [J]. 黑龙江高教研究，2007（6）.

[74] 王水敏. 服务学习：美国公民教育的实践依托 [J]. 中国价值观教育，2011（6）.

[75] 吴倬. 关于价值观教育方法论的哲学思考 [J]. 清华大学学报（哲学社会科学版），2005（2）.

[76] 刘云山. 着力培育和践行社会主义核心价值观 [J]. 求是，2014（2）.

[77] 邓磊，崔延强. 美国大学诚信教育制度体系述评 [J]. 比较教育研究，2011（3）.

[78] 张燕，戴晓芳，张黎. 中美价值教育课堂比较 [J]. 比较教育研究，2013（3）.

[79] 杨威. 好公民抑或好人？——当代西方学校价值教育的路径与困境 [J]. 外国教育研究，2016（6）.

[80] 韩震. 必须区分核心价值观与道德生活价值观 [J]. 中国特色社会主义研究，2012（3）.

[80] 吴倬. 论"以知识教育为依托实现科学价值观教育"的德育规律 [J]. 教学与研究，2002（9）.

[81] 张耀灿. 略论思想政治教育研究范式的人学转换 [J]. 广西教育学院学报，2010（1）.

[82] 李辉，卢屏. 当代社会价值认同的文化逻辑与解放思路 [J]. 贵州社会科学，2013（11）.

[83] 石海兵. 论青年价值观教育内容的结构体系 [J]. 思想理论教

育，2007（12）.

[84] 张永奇. 社会主义核心价值观与公民道德生活价值观的同异之辩——十八大对如何凝炼表达社会主义核心价值观的科学回答和理论贡献［J］. 前沿，2013（1）.

[85] 侯惠勤."普世价值"的理论误区和实践陷阱［J］. 马克思主义研究，2008（9）.

[86] 徐园媛，胡亚男. 高校社会主义核心价值观教育课程生态系统的生成逻辑与建设路径［J］. 黑龙江高教研究，2019（9）.

[87] 蔡瑶，刘夏蓓. 隐形化与国家在场：美国大学价值观教育的实践模式与本质［J］. 当代中国价值观研究，2016（1）.

[88] 魏志强. 通识教育与核心价值观塑造——美国高校通识课程改革及其启示［J］. 当代教育科学，2018（9）.

[89] 张耀灿. 经济全球化与思想政治教育的创新［J］. 思想理论教育导刊，2001（12）.

[90] 刘长龙. 当代中美核心价值观教育比较之启示［J］. 学术论坛，2008（9）.

[91] 李飞. 大学生社会主义核心价值观教育机制创新问题探论——以美国核心价值观教育为鉴［J］. 理论导刊，2014（10）.

四、报纸及其他

[1] 宋开明. 论社会主义核心价值观的几个基本问题［N］. 汉江论坛，2014-09-5（11）.

[2] 张烁. 坚持中国特色社会主义教育发展道路培养德智体美劳全面发展的社会主义建设者和接班人［N］. 人民日报，2018-09-11.

[3] 虞丽娟. 从"思政课程"走向"课程思政"［N］. 光明日报，

2017-07-20.

外文文献
一、专著

[1] France Moor Lappe. *Rediscovering America's Values* [M]. Washington, DC: The instatute for Food and Development Policy, 2010: 3-4.

[2] Aspin D, Chapman J D. *Values Education and Lifelong Learning: Principles, Policies, Programmes* [M]. Berlin: Springer, 2007.

[3] KwakDuckjoo. *Challenges for Values Education Today-in Search of a Humanistic Approach for the Cultivation of the Virtue of Private Citizenship* [M]. The Netherlands: Spinger, 2007.

[4] Halstead J M, Pike M A. *Citizenship and Moral Education-Values in Action* [M]. London: Routledge, 2006.

[5] *Learning and Assessment: Trends in Undergraduate Education. A Survey among Members of the Association of American Colleges and Universities* [M]. New York: Peter Hart Research Associates, 2009.

[6] Dennis Prager. *Still the Best Hope, Why the World Needs American Values to Triumph* [M]. New York: Harper Colins, 2012.

[7] Anne Marie Slaughter. *The Idea That is America* [M]. New York: Basic Books, 2008.

[8] Weissberg P B, et al. *Social and Emotional Learning: Past, Present, and Future* [M] // Durlak, et al. Handbook for Social and Emotional Learning. New York: Gulford, 2015.

二、期刊

[1] Lin A. Citizenship Education in American Schools and Its Role in Developing Civic Engagement: A Review of the Research [J]. *Educational Review*, 2015 (67): 35-63.

[2] Raths L, Harmin M, Simon S. Values and Teaching, working with Values in the Classroom [J]. *Columbus, OH, Charles E. Merrill*, 2000: 134.

[3] Bulach, Cletus R. Implementing a Character Education Curriculum and Assessing Its Impact on Student Behavior [J]. *Clearing House*, 2002, 76 (2): 79-83.

[4] Beane J A. Reclaiming a Democratic Purpose for Education [J]. *Educational Leadership*, 1998, 56 (2): 8-11.

[5] Patte Barth. The Value of Values [J]. *Education Digest*, 1994, 60 (2).

[6] Changwoo J, Ronald L, Van Sickle. Moral Education in The Context of Globalization and Multiculturalism [J]. *International Social Studies Forum*, 2003 (3): 233.

[7] Lickona T. The Return of Character Education [J]. *Educational Leadership*, 1993, 51 (3): 6-11.

[8] Alan L, Lockwood. Values Education and the Right to Privacy [J]. *Journal of Moral Education*, 1977, 7: 9-26.

[9] Stephanie M J, Emily J D. Social and Emotional Learning: Introducing the Issue [J]. *The Future of Children*, 2017 (27): 3-11.

[10] Williams M M. Actions Speak Louder than Words: What Students

Think [J]. *Educational leadership*, 1993, 51 (3).

[11] Elliott, John. Clarifying Values in Schools [J]. *Cambridge Journal of Education*, 1994, 24 (3): 413-422.

[12] Alexander P, Laurel S, Alison K C. *Closing the Civic Empowerment Gap: The Potential of Action Civics* [J]. Social Education, 2011, 75 (5): 267-270.

[13] McLaughlin, Terence H. Values, Coherence and the School [J]. *Cambridge Journal of Education*, 1994, 24 (3): 453-470.

[14] Alexander W A, Linda J S. How Undergraduates Are Affected by Service Participation [J]. *Journal of College Student Development*, 1998: 259.

[15] Dewey J. Human Nature and Conduct: An Introduction to Social Psychology [J]. *University of South Carolina Press*, 1993: 2.

[16] Sherry Schwartz. Educating the Heart [J]. *Educational Leadership*, 2007, 64, (7): 77.

[17] Kirschenbaum, Howard. From Values Clarification to CharacterEducation: A Personal Journey [J]. *Journal of Humanistic Counseling*, Education & Development, 2000 (1): 39.

[18] Gibbs L, Earley E. Using Children's Literature to Develop Core Values [J]. *Phi Delta Kappa Fastback*, 1994 (362): 87-90

[19] Beane J A. [J]. *Educational Leadership*, 2002, 59 (7): 25-28.

三、报纸及其他

[1] U. S. Department of Education. *Partnerships in Character Education*

Program [EB/OL]. (2014-06-13) [2018-01-01]. https://www2. ed. gov/ programs/charactered/index. html.

[2] Talloires Network. *Declaration on the Civic Roles and Social Responsibilities of Higher Education* [EB/OL]. (2005-09-17) [2018-01-01]. http://talloiresnetwork. tufts. edu/who-we- are/talloires-declaration/.

[3] *Harvard University Statement of Values* [EB/OL]. (2002-05-21) [2008-11-04]. https:// www. harvard. edu/ president/speeches/ summers_ 2002/values. php.

[4] The National Task Force on Civic Learning and Democratic Engagement. *A Crucible Moment: College Learning and Democracy's Future* [R]. Washington DC: Association of American Colleges and Universities, 2012.

[5] Anne Colby. *Fostering: The Moral and Civic Development of College Students* [A] // Larry Nucci, Darcia Narvaez, Tobias Krettenauer. Handbook of Moral and Character Education (Second Edition). New York and London: Rouledge, 2014.

[6] John Saltmarsh, Matthew Hartley. *A Brief History of the Civic Engagement Movement in American Higher Education* [A] // Corey Dolgon, Tania D Mitchell, Timothy K Eatman. The Cambridge Handbook; of Service Learning and Community Engagement. Cambridge: Cambridge University Press, 2017.

[7] Torney-Purta J. *The Connections of Values Education and Civic Education-The IEA Civic Education Study in Twenty Countries*, paper presented at the Journal of Moral Education conference [Z]. Lancaster: University of St Martin, 1996.

[8] The National Task Force on Civic Learning and Democratic Engagement. *A Crucible Moment：College Learning and Democracy's Future* [R]. Washington D C：Association of American Colleges and Universities, 2012.

[9] *Report of the Task Force on General Education* [EB/OL]. (2007-02-07) [2008-08-06]. https：//provost. umd. edu/SP07/Harvard General Education Report. pdf.

[10] Arizona State University. *Council of Religious Advisors* [EB/OL]. (2000-11-24) [2019-07-22]. http：//students. asu. edu/cora.

[11] U. S. Department of Education. *U. S. Department of Education Strategic Plan* 2002-2007 [EB/OL]. (2002-01-01) [2018-11-15]. https：//www2. ed. gov/ about/reports/strat/plan2002-07 /plan. doc.

[12] *Putting Back Values in Education* [EB/OL]. (2003-04-08) [2019-04-23]. https：//www. goconqr. com/en/blog/the-importance-of-teaching-values-in-education/.

[13] *Moral Values for Students：A Necessary Part of the Curriculum* [EB/OL]. (2011-03-14) [2018-01-12]. https：//soapboxie. com/social-issues/Teaching-Moral-Values-in-School-A-Necessary-Part-of-the-Curriculum.

[14] *Teaching Values* [EB/OL]. (2016-03-09) [2018-01-01]. http：//www. fmcc. edu/2016/03/09/teaching-values/.

[15] Lee, Jenny. *Values Education in the Two-Year Colleges*. ERIC Digest [EB/OL]. (2014-05-19) [2018-01-01]. https：//eric. ed. gov/ contentdelivery/servlet/ERICServlet? accno=ED440681.

[16] The University of Maryland. *Transforming General Education at the*

University of Maryland [R]. College Park: The University of Maryland Plan for General Education, 2010.

[17] The University of Maryland. *Transforming General Education at the University of Maryland* [R]. College Park: The University of Maryland Plan for General Education, 2010.

[18] The Association of American Colleges & Universities. *Recent Trends in General Education Design, Learning outcomes, and Teaching Approaches* [R]. Washington: The Association of American Colleges & Universities, 2016.

[19] The University of Iowa. *Assessment of Student Learning: Courses with General Education Status* [R]. Des Monies: College of Liberal Arts and Sciences in the University of Iowa, 2018-07-03.

后 记

本书是在我的博士论文的基础上丰富、完善而成的。

为了寻求个人能力的提升和事业的突破，我选择了在工作十年之后继续读书。本硕阶段的专业并非思政，相当于我用了八年的时间完成了本硕博三个阶段的学习。八年的时间太长了，长得我都有点不好意思。自知基础薄弱，这八年我不敢有一丝懈怠，如果哪一天没有学习，我竟会心生愧疚，学习和阅读已然是我生活的常态，现在是，未来也会是我生活中不可割舍的一部分。这八年时间里我努力在工作、家庭与学业之间维持平衡，现在一切的努力都有了报偿。身体承受辛苦，精神承受压力，而我的灵魂却快乐无比！在系统的理论学习和规范的学术训练中，在苦苦思索寻求学术突破中，在一遍一遍推翻又一遍一遍构建中，我的思想水平和境界提升了，我的职业路径拓展了，我的人生视野开放了，我对生命的感悟深刻了，我仿佛破茧化蝶，获得了新生。

求学之路漫漫，一群出色的人走进了我的生命，他们影响了我后半生的走向，我爱他们！首先要深深感谢我的恩师——学术精专、师德高尚的魏晓文教授。八年前，我这样一个学术小白投到老师门下，老师欣然接受了我，在我身上倾注了大量心血。在老师的指导下，我选择了以中美大学价值观教育为对象进行比较研究，选择了两国在价值观教育上的差异性作为研究的切入点。组会上魏老师对我的论文框架反复打磨、把关，深夜里通过越洋电话指导我突破学术难点，学术大家的风范和严谨的治学态度给我上了重要的人生一课。特别是当研究进入最后阶段，新冠肺炎疫情席卷全球，中美关系降至冰点，如何在学术研究中把握好意识形态，如何在比较研究中得出正确的结论，都是老师在背后给予我宽广而有力的学术支撑。不仅如此，在我无数次怀疑自己的时候，也是老师给予我最有力的支持和最温暖的包容，人生路上有恩师如此，何其有幸！

大连理工大学马克思主义学院是我的学术之家，在这个熠熠生辉的学术殿堂，我贪婪地吸取丰富的营养。洪晓楠教授、戴艳军教授、杨连生教授、杨慧民教授、陈晓晖教授、荆惠兰教授、马万利教授，还有既为同门师兄又是学术导师的刘志礼教授，在我每一个重要的学术研究阶段得到他们指点，将我一次次引入新的天地，给予我智慧和启迪，我感恩在心、永远铭记。感谢师门的葛丽君师姐、朱琳琳师姐、郝连儒师兄、苏航师妹、董仲磊师弟、郭一宁师弟、邵芳强师弟、边悦玲师妹，他们都以不同的方式，在我的学术征途中给予我动力，学术上他们是我并肩的战友，生活上是我最诚挚的朋友，为我平庸至极的生活带来一抹亮色。

感谢我的家人，他们是我顺利完成学业的大后方，感谢我的小女儿，她乖巧懂事，希望妈妈的学习精神也能给予她力量。还有，我的爸爸，您一直以女儿为荣，如今女儿学有所成，生活幸福如您所愿，愿您在天之灵安息！